JN021489

ライブラリ 経済学への招待————2

ミクロ経済学への招待

島田 剛
GO SHIMADA

新世社

はしがき

　この本は次のような人を対象にしている。

　第1に経済学を初めて学ぶ人だ。この本はミクロ経済学の最も易しいレベルに設定している。しかし，そこで終わるわけではなく中級，あるいは経済学の関連分野にも興味が湧くように作っている。また，経済学は学びたいが数学は苦手だという人も多いと思う。この本では数学はほとんど使っていない。できるだけ直感的に理解できるように解説を心がけた。特に経済学部以外の学部で経済学を学ぶ学生がしっかりと経済学を勉強できるようにしたつもりだ。また，そうした学部では経済学以外の様々な学問も一緒に勉強すると思う。社会学や歴史学，文化人類学も経済や市場を扱っている。そうした，様々な学問を勉強する中で経済への興味が高まるように工夫した。

　第2に政策やビジネスの実務家で，経済学を勉強したい人，あるいは復習をしたい人だ。こうした現場での経済学の重要性はかつてないほど高まっている。筆者自身も長く，国連やJICA（国際協力機構）などで途上国関連の仕事をしてきた。そうした中で，経済学の重要性を繰り返し感じてきた。経済学が分かっていれば，政策も実務ももっとよくなるのに，ともどかしく思うことも多かった。そのため，政策やビジネスに役立てる教科書になるように努力したつもりだ。

　一方，実務の世界では様々な分野の人たちと仕事をすることが多く，教えられることも多々あった。経済以外のことも取り入れながら，経済学を振り返るとより理解が深まったと感じられることも多かった。この本はミクロ経済学の本だが，理解を深めたり，興味を持ってもらえたりしそうだと思ったテーマはミクロ経済学そのものでなくても思い切って内容に加えている。

　第3はデータ分析について興味があるが，まだ勉強したことがない人たちだ。政策の場でもビジネスの場でもデータの重要性が高まってきている。EBPM（証拠にもとづく政策立案，エビデンス・ベースド・ポリシー・メーキ

ング）という言葉を聞いたことがある人もいるかもしれない。この流れは今後も加速していくと思う。この本はデータ分析の本ではないが，ミクロ経済学にとってデータ分析は切っても切れないものだ。この本では，その入門のまた入門レベルの入り口で気をつけておいた方がいい点，知っておくといい点をまとめてある。興味を持ってもらい，次のレベルの本に受け渡しするのがこの本の役割だ。

　本書は明治大学と静岡県立大学でのミクロ経済学の講義がベースとなっている。これまで学部や大学院でご指導いただいた松岡俊二先生，篠原総一先生，コリン・カークパトリック先生には改めて御礼申し上げたい。

　ジョセフ・スティグリッツ先生（2001年ノーベル経済学賞受賞者，コロンビア大学）には筆者がニューヨークの国連日本政府代表部に在勤している際，コロンビア大学での研究会に参加させていただいて以来，コロンビア大学の客員研究員にお招きいただくなど，色々な機会にご一緒してご指導いただいてきた。最初にお会いしてから17年になる。ニューヨークでの研究会以外でも，先生のご自宅や，マンチェスター，ダーバン，アンマン，東京，横浜のレストランなど様々な場所でご一緒して雑談も含めて，いつも楽しい会話の中でお伺いしたことがこの本のベースにある。

　長く勤務したJICAおよび外務省，国連の諸先輩方などにはこれまでの様々な仕事の中でご指導・ご助言いただいた。厚く感謝申し上げたい。

　また，本書の刊行にあたっては宮川努先生，そして新世社の御園生晴彦氏，菅野翔太氏に大変お世話になった。この場を借りて御礼申し上げたい。

　最後になるが，本書の執筆にあたり見守り励ましてくれた家族に感謝したい。ありがとう。

　2022年10月

島田　剛

目　次

第3章　需要・供給と価格の関係　　37
　　──どうしてトイレットペーパーやマスクが買えなかったり価格が高騰したりしたのか

第4章　値段が上がっても買うもの，買うのをやめるもの　　61
　　──価格弾力性

第11章　市場の失敗②
——情報の非対称性，公共財，政府の失敗　　　　181

第3部　ミクロ経済学のもっと先へ

第12章　国際経済
——貿易は必要か　　　　198

経済を見る眼

　本章はミクロ経済学を勉強するにあたって，まずは「経済」とは何なのか，そして，マクロ経済，ミクロ経済という 2 つの経済学がどう違うのかという点から話を始めたい。

> （この章のポイント）
>
> ・経済学は地図だ。行き先の見えない今こそ，地図，しかもできるだけ正確な地図を持つことが必要だ。
> ・新型コロナ禍でトイレットペーパーやマスクがなぜ手に入らなかったのか。ミクロ経済学はそうした身の回りの問題を理解する視点を与えてくれる。
> ・市場は，そこにいる人たちが，それぞれ自分のために動いていてもうまくいく。しかし，格差や市場がうまくいかない場合の対策は考えないといけない。

図1.1　店先からなくなったトイレットペーパー

（出所）　2020 年 3 月 16 日　著者撮影。

1.1　経済学とは何か──新型コロナ禍の　トイレットペーパーから考える

　新型コロナ禍の間，マスク，消毒液やトイレットペーパーが思うように手に入らない日々が続いた。しばらくして供給は元に戻ったが不安を感じた人も多かったのではないかと思う。図 1.1 のようにトイレットペーパーがお店の棚からなくなる状況が日本だけではなく，世界中で起きていた。

　実際，家計の支出を見ても 2020 年の 3 月は突出してトイレットペーパーに対する支出が大きかった（図 1.2）。緊急事態宣言などもあり，パニック的にトイレットペーパーの確保をしたことがよく分かる。新型コロナ禍はその後も続いたが，トイレットペーパーが店先からなくなったのはこの時だけだ。

　価格はこの 2020 年 3 月にすぐに上がったわけではなく，しばらくしてから上昇した。図 1.3 は都道府県別のトイレットペーパー価格の推移をグラフにしたものだ。札幌市と東京都と熊谷市（埼玉県）だけを取り出している。微妙に価格の動きは違うが，新型コロナ禍の第 2 波（2020 年 7-8 月）の中，

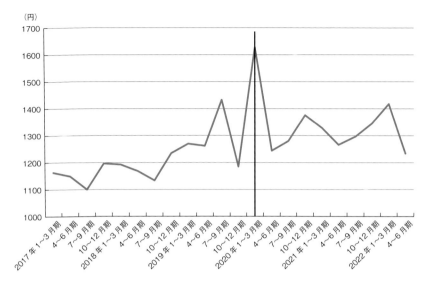

図1.2　トイレットペーパーに対する家計の支出の推移

（円）

（出所）　e-stat「家計調査 / 家計収支編 / 総世帯」より著者作成。
https://www.e-stat.go.jp/stat-search?page=1&query=トイレットペーパー&layout=dataset

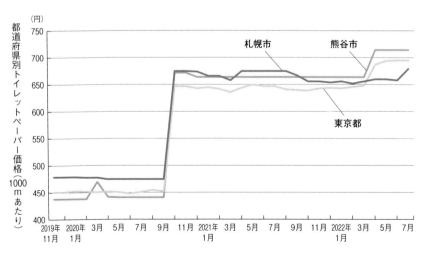

図1.3　トイレットペーパー価格の推移

（円）

都道府県別トイレットペーパー価格（1000mあたり）

札幌市　　熊谷市

東京都

（出所）　e-stat「主要品目の都市別小売価格」より著者作成。
https://www.e-stat.go.jp/dbview?sid=0003421913

2020 年 9 月に価格が引き上げられたのが分かる。

　トイレットペーパーはこのように皆が買いに走って足らなくなってしまったり，価格が上昇したりした。

　こうしたモノ不足や価格上昇は，トイレットペーパーだけではない。その後，2022 年 2 月に始まったロシアのウクライナ侵攻ではウクライナからの小麦の輸出が滞ったため世界的に小麦の価格が上がった。一方，同じ時期にアフリカのソマリアなど「アフリカの角（つの）」と言われる地域では過去 40 年間で最悪の干ばつ被害を受けた。世界的な小麦不足に加え，天候不順により食糧の供給が極端に少なくなった。

　2000 年の国連ミレニアム総会でコフィー・アナン国連事務総長（当時）は「恐怖からの自由，欠乏からの自由」を目指すべきだと訴えかけた。あれから 20 年以上が経つ。残念ながら私たちは未だに恐怖と欠乏から抜け出せていない。

● 経済学が解こうとする問題

　ネットや様々な技術が発達した今日でも，トイレットペーパー，小麦や食糧など，ごく基本的なモノが十分に皆に行き渡らないといった問題に直面することがある。経済学というのは，こうした問題を次の 3 つの視点から考えるものだ。

　①　どのようなモノ（トイレットペーパー，マスク，小麦，半導体など）
　　　をどれだけ生産するのか（What and how much ?）
　②　それらのモノを誰が生産するのか（Who produces ?）
　③　生産されたモノはどのように分配されるのか（To whom ?）

　①はまさに上で見たようなマスクなどの生産量の問題だ。どうすれば必要なモノの生産量を把握できるのだろうか。感染症や干ばつというのは極端な事例だが，どうやって日本では毎日の必要なパンやコメの量を把握して生産しているのだろうか。かつてのソビエト連邦は，国がそれをやろうとして失敗してしまった。日本の場合は誰かが生産量を計画しているわけではない。

モノはただ単に作ればいいというわけではないことは自明だろう。多く作りすぎてしまうと，在庫が積み上がり，廃棄されてしまう。そうならないよう生産量はどうしたらいいのだろうか。少なすぎると買えなくなってしまうし，多すぎるとゴミになってしまう。ちょうどいい生産量であることが大切だ。

　必要な生産量が分かったとして，それは誰が作るのだろうか。これが②の課題だ。新型コロナ禍対応で，人工呼吸器やマスクが世界的に不足していた時，アメリカは「国防生産法」という法律にもとづいて民間の自動車会社などに生産を指示した。この場合，民間企業ではあるが国防のため法律上は大統領に国内産業界を統制できる権限があり，いわゆる民間企業の自由な経営判断の下で生産したものではなかった。しかし，これは特殊ケースだ。普段の生活においてパンや野菜，自動車といったものは企業が独自の判断で生産を行っている（①の "What" の部分）。もちろん，日本でもかつては塩などを専売公社という国の機関が生産をしていた。②の問題は国か企業か，誰が必要なものを生産するのかという問題だ。

　そして③はそれがどのように分配されるかだ。日本国内でも格差が問題になっている。国際的には新型コロナのワクチンが先進国では接種が進む一方，途上国では接種が進まないことが問題になってきている。途上国では国の予算が限られておりワクチンを確保できないからだ。生産量の問題もあるが，それがどのように分配されるかという問題だ。

　これら3ついずれの問題にも「市場」が重要な役割を果たしている。経済学は上の3つの問題に対して市場が有効なのか，政府に役割はあるのかを考えていく学問だといえるだろう。

1.2　マクロ経済学とミクロ経済学の違い

　経済学にはマクロ経済学とミクロ経済学がある。どう違うのだろうか。図1.4のように2つの差は視点を大きく持つか，小さく持つかの違いだ。マクロ経済学は大きく国全体を扱う。たとえば，日本の経済成長，物価や失業率などだ。これに対し，ミクロ経済学は個々の企業や私たち消費者という小さ

図1.4　マクロ経済学とミクロ経済学の違い

マクロ経済学	ミクロ経済学
経済の大きな対象を扱う ・景気 ・政府財政 ・失業率，インフレ率 ・経済成長率	経済の小さな対象を扱う ・個々の消費者，企業などの行動 ・市場の働き

い主体を扱う。どうしてそんな2つの視点を持つ必要があるのだろうか。

　宇宙から国レベル（マクロ）で見ると世界経済の動向などが見える。このマクロの動きを見れば，一つの国の経済成長や失業率の問題など大きな経済の流れや課題が分かる。マクロ経済学で扱うものの一つは金利だ。日本の中央銀行である日本銀行が金融調節手段として金融機関に設定している金利が上昇すると，日本経済全体に影響する。だからマクロ経済学で扱う。

　次に地上（ミクロ）まで降りれば，そうした経済の変化に対応している私たち一人ひとりや企業の姿が見えてくる。消費者や企業がどう動くのかを分析すると，経済の現場で何が起きているのかがよりよく理解できる。具体的には，新型コロナ禍の中で製薬会社がワクチンを開発するかどうか，ワクチン生産に乗り出すかどうかはミクロ経済学の対象だ。学生に関連するところではアルバイトの金額がどう決まっているか，これもミクロ経済学で扱う領域だ。

　もちろん，マクロとミクロの2つの世界は切り離されたものではなく，つながっているものだ。大切なのは，この2つの視点のどちらも必要だということだ。たとえば，地球温暖化問題を解決するには，マクロでは各国の二酸化炭素（CO_2）の排出量をどうするかを考えなければならない。一方，ミクロでは個々の人々が CO_2 の排出量を下げるため冷房の設定温度を1℃高くするにはどうしたらいいかを考えなければならない。

　同じように，経済という複雑な動きを見るにもマクロ経済とミクロ経済と

図1.5　マクロ経済は国全体の経済を扱う

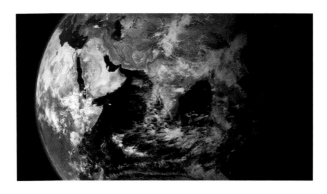

（出所）　https://pixabay.com/ja/photos/ 地球 − 惑星 − スペース − 世界 − 11008/

いう，2つの異なった尺度を持つ分析ツールが必要だ。本書はミクロ経済学の本だが，ぜひマクロ経済学もあわせて勉強することを強くオススメする。

1.3　ミクロ経済学の理論は勉強する意味があるのか

　ではどうしてミクロ経済学の理論を勉強する必要があるのだろうか。ミクロ経済学の理論なんて勉強しなくても，すでに私たちは日々，家計を考えながら生きている。あえて勉強する意味なんてないのではないか，あるいは勉強しても現実とかなり違うと思う人も多いと思う。私たちが理論を勉強する必要はどこにあるのだろうか。

●行き先の分からない時代，「地図」を持とう

　現実の社会や経済は複雑だ。それを見通すのは難しい。よく経済学では理論は地図のようなものだと説明する。図1.6は新幹線路線図だ。この日本地図は現実とはかなり異なるが，このように必要な情報だけを残し，それ以外を大胆に削ぎ落とすと新幹線の利用法が分かりやすくなる。私たちが旅行者として訪れても，こうした路線図を頼りに目的地に行き着くことができる。

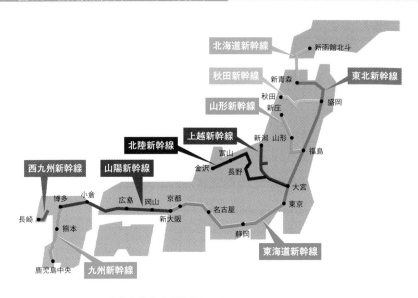

図1.6　新幹線路線図（2023年1月現在）

北海道新幹線

秋田新幹線

山形新幹線

上越新幹線

北陸新幹線

西九州新幹線

山陽新幹線

東北新幹線

東海道新幹線

九州新幹線

新函館北斗

新青森

秋田　盛岡
新庄

新潟　山形

富山
金沢　長野

福島

大宮

東京

博多　小倉

広島　岡山　京都

新大阪

名古屋

静岡

長崎

熊本

鹿児島中央

地図はあまり細かすぎるとかえって分かりにくくなる。逆に大雑把すぎると何がなんだか分からなくなる。理論を知ることにより，多くの情報から必要なものを取り出し，社会や経済を見渡すことができるようになる。これがミクロ経済学の理論を勉強する意味だ。

　また，地図を読めるようになるということも大切なことだ。こういうと変なことを言うと思われるかもしれない。しかし，私が仕事で訪れる途上国では場所によっては運転手さんに地図を渡しても，読めない場合がある。地図を開いても自分がどこにいるか分からない。地図の北が現実の世界のどちらの方角かなど混乱するようだ。その代わり，近くの人に聞いて道を教えてもらって，ちゃんと目的地に早く着くのでたいしたものだ。

　3次元の世界を地図のような2次元となった紙で自分の場所を理解し，行き先までを理解するというのはそれなりに慣れが必要だ。小学生から地図に慣れ親しみ，スマホで経路を確認することに慣れている人は驚くかもしれない。実は経済理論もそういうものだ。最初は自分がどこにいるかすら分からない状態だが，理論をしっかり身につければ自分の立ち位置がはっきりして，

複雑な現実の社会をずっと先まで見通せるようになる。

1.4　市場とは何か

　経済学が扱う中心は市場だ。市場と聞くと，おそらく多くの人は豊洲の魚市場や，日本橋兜町の証券市場などを思い浮かべるかもしれない。しかし，経済学で扱う市場はそうした物理的な場所としての市場だけではない。皆さんが買うコンビニも市場の一部だし，アルバイト先もそうだ。経済学でいう市場というのは，私たち消費者や企業，政府などが行う取引の全体をいう。この市場は大きく分けて3つの種類がある。

【3種類の市場】
- 生産物市場（財市場）：モノやサービス（経済学ではこれらをまとめて財と呼ぶ）の取引を行う
- 労働市場：働く人の市場（アルバイトや就活は労働市場における活動だ）
- 金融・資本市場：取引される金融商品には，株式，国債・社債，外国通貨，短期資金などがある。株式は株式市場で取引される（国債・社債まで含めて証券市場ともいう）。また，外国通貨は外国為替市場で取引される。

　こうした市場を通じて，モノやサービスの需要と供給，分配が行われる経済のことを市場経済という。

　これらの市場は理論通りに機能している「完全競争市場」と，そのように機能していない「不完全競争市場」という2つの状態に分けられる。本書の第1部（第2～9章）は完全競争市場を扱い，第2部（第10，11章）が不完全競争市場を扱っている。

　完全競争市場とは，様々な企業が競争をし，また，買う側も多くいる。つまり，一方的に誰かが価格を決めることはできない状況の市場だ。一方，不

完全競争市場は1つの企業あるいは少数の企業しかなく，価格が誰か特定の人や企業たちで決められてしまう市場である。

●私利私欲の追求——見えざる手

　私たちが市場でパンやコメを買えるのは，なぜだろうか。社会的な使命感に燃えたパン屋やコメ屋のおかげだろうか。経済学の父と言われる18世紀のアダム・スミス（1723-1790）はこれに対して次のようなことを言っている。

> 「夕食に対する我々の期待は，肉屋，ビール醸造業者，あるいはパン屋の好意にではなく，彼ら自身の利益に対する配慮にもとづいている。彼らの人間愛に対してではなく，自己愛に対して訴えかけているのであって，説いて聞かせるのは我々の窮状ではなく，彼らの利益である。」
> （出所）アダム・スミス,『国富論（上）』,高哲男訳，講談社学術文庫, 2020（Kindle の位置 No.469-471），Kindle 版

　つまり，博愛精神やボランティア精神ではなく，私利私欲を追求することが社会の利益につながると言っているのだ。この考え方は発表当時もかなり衝撃をもって受け止められたようだ。日常生活の中で「こうあるべき」という倫理的な考え方と大きく異なっていたからだ。そして，これは当時だけでなく，おそらくは初めて経済学を勉強する人にとっては今も衝撃的な考え方ではないかと思う。こうした市場の動きをスミスは「見えざる手」によって，市場がうまく機能していると表現したのである（この点は第3章で詳述する）。

●ボランティア精神で動く人が集まる社会はうまくいくのか

　アダム・スミスが言ったことは本当だろうか。ボランティア精神よりも私利私欲で動くことで経済は本当にうまくいくのだろうか。もし，ボランティア精神にあふれた人が多い街と，私利私欲にあふれた人が多い街の2つがあったら，どうだろうか。

　地震などの災害の後，コンビニや商店が開店できなくても，遠くから来た

ボランティアの炊き出しやおにぎりに助けられた人は多い。こうした時ほど助け合いや社会の絆の大切さを感じることはないだろう。こうした絆を経済学や社会学では「ソーシャル・キャピタル（社会関係資本）」という。

　しかし，ボランティア精神にあふれた人ばかりの街もうまくいくとは限らない。災害直後は，炊き出しや支援に頼らざるを得なくても，その状態からは少しずつ復興していかなければならない。ずっと無料の食事が届くようだと，コンビニや店は商売をやっていけない。無料のものとは競争できないからだ。人のやさしさは大切だが，ずっと続くとその思いが重くなってしまうこともある。自分が好きなものを好きなだけ買いたいと思うようになったりもするだろう。コンビニや店がある普通の街，つまり私利私欲による市場が動いている社会に徐々に戻っていくのだ。そして，そこではきちんと利益を上げないといけない。会社を続けられないからだ。

　間違ってもらいたくないがボランティア精神が不要だと言っているわけではない。ボランティア精神は重要だ。経済は社会の一部ではあるが，全てではない。社会生活を送るには地域社会や，家族や友人の存在なくして人間は生きていけない。ただ，そこに市場も一緒に存在し，機能しているということだ。

●私利私欲で動く人が集まる社会はうまくいくのか

　では本当に私利私欲で動く市場で社会はうまくいくのだろうか。そのメカニズムは何だろうか？　先ほど，この本の全体構成を紹介したが，第1部（第2～9章）で扱う完全競争市場というテーマがまさにこれだ。どうして私利私欲で動く社会が，「それにもかかわらず」社会のためになっているのか，そのメカニズムを明らかにする。

●誕生日プレゼントは現金で !?

　市場は私利私欲を中心に動いている。アルバイトをする時も安い賃金よりも，高い賃金の方がいいだろう。高い賃金を得たいという欲は普通だと考えられる。しかし，逆に私たちはいつも私利私欲だけで生きているわけではない。仕事をして得られる給与も大切だが，その仕事を通じて認められたいと

も思っているはずだ（承認欲求）。だから，努力や工夫をして「よくやった」と言われれば嬉しいし，さらに一生懸命に働くはずだ。

　私利私欲が中心だとはいえ，むしろお金を渡すということは逆効果の場合もあるだろう。彼氏，彼女や友人に誕生日プレゼントとして現金を渡したらどうだろうか。2016年に新垣結衣と星野源が主演して話題になった「逃げるは恥だが役に立つ」というテレビドラマがあった。その中で平匡役の星野源がみくり役の新垣結衣に誕生日プレゼントとして現金を渡すシーンがあった。このお金のプレゼントでみくりは傷ついてしまう。お金を渡すという行為は，愛情や友情を伝える手段としては最悪だろう。お金を渡すことは，もっとドライな関係でいたいということを伝えることになってしまうからだ。こうした部分は行動経済学で研究が始まっており，第3部（第12，13章）では行動経済学の研究も紹介する。

1.5　格差をどう考えるか

　「格差社会」という言葉をよく聞くと思う。ではこうした格差はどう考えればいいのだろうか。もし，一生懸命働いても給与が変わらないのであれば，この場合は働く意欲を失うだろう。だから，完全に給与が同一であるということはないだろう。では，どこまでの差を許容し，そもそもどうしてそこまで大きな格差が生じてしまうのかという点は考えないといけない。

● 21世紀の資本

　フランスの経済学者であるトマ・ピケティが2014年に発表した『21世紀の資本』で話題を呼んだのが図1.7だ。この図はアメリカの所得格差を1910年から2010年まで調べたものだ。縦軸はアメリカの富裕層トップ10%が全体の所得の何%を占めているかを示している。上にいけばいくほど，トップの人たちが占める割合が増えるので格差が大きいということになる。たとえば，世界恐慌の始まった1929年ごろはほぼ50%だ。つまり，トップ10%の人たちが半分の所得を得て，残りの90%の人間で残りの50%

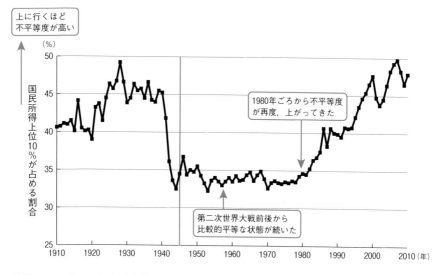

図1.7 戦前と同じレベルまで貧富の格差が拡大 (アメリカ, 1910-2010 年)

上に行くほど不平等度が高い

国民所得上位10%が占める割合 (%)

1980年ごろから不平等度が再度，上がってきた

第二次世界大戦前後から比較的平等な状態が続いた

（出所） Thomas Piketty（2014）*Capital in the Twenty-First Century*, Belknap Press.

を分け合っているというわけだ。

　しかし，この格差の大きさはずっと続かず，1945 年の第二次世界大戦の終わる前後からグッと下に下がっている。したがって，この時期は比較的，平等な時期だったと言える。しかし，1980 年代から徐々に格差は拡大を始め，2000 年には急速に悪化し，現在は戦前と同じような格差社会になっている。

　これまで格差が歴史的にどのように変化してきたかはデータの制約もあり，分かっていなかった。ピケティはアメリカの所得税台帳を丹念に調べることで過去 100 年の格差の推移を明らかにしたのだ。「なんとなく格差が拡大している」と感じている人は多かったと思うが，それが戦前と同じレベルまで格差が拡大していることが分かったのだ。図はアメリカのものだが，この後，世界各国で同じような調査が始まり，世界的に同じような動きをしていることが分かってきた。[1]

---

[1]　英語版しかないが，World Inequality Lab（https://inequalitylab.world/en/）で簡単に日本を含む様々な国の貧困データを手に入れられる。

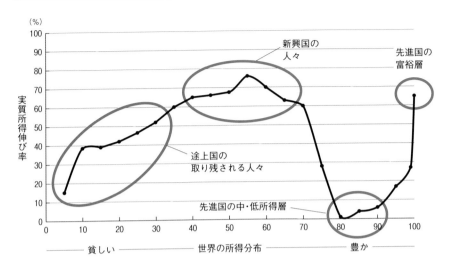

図1.8　象カーブ（世界の所得階層別の実質所得伸び率（1998-2008 年）

（出所）　Blanko Milanovic（2016）*Global Inequality ; A new Approach for the Ageof Globalization*, Belknap Press.

●象カーブ

　このピケティと前後して，世界的にこの格差の問題の研究が発表されたので，もう一つだけ紹介しておこう（図1.8）。曲線の形が象に似ているので象（エレファント）カーブと言われているものだ。縦軸には所得の伸び率が取られている。横軸は所得が取られていて，右にいくほど豊かな層に，左にいくほど貧困な層になる。

　この象のような形はそれぞれの所得分布層の成長率を表している。全体が４つのグループに分かれていると見ることができる。

① 　一番右側の象の鼻のように上に上がった部分：先進国の富裕層は1998年からの10年間でより豊かになったことが見て取れる。

② 　右から２つ目の層：先進国の中・低所得層だ。10年間ほとんど豊かになっていないか，あるいはマイナス，つまりむしろ貧しくなっている層である。人間は自分の豊かさを人と比較して感じる部分がある。そうした意味では富裕層と差がついてしまっていることを強く感じているだろう。同時に，この層のすぐ下の層，新興国の人々の成長率が高いため，突

き上げられているような感じも持っているはずだ。

③　右から３つ目の層：新興国の層だ。中国やインドなどが入る。高い経済
　　成長をしているのがよく分かる。日本経済は失われた30年と言われる
　　こともあるが，世界的には特に過去10年ほどは歴史的なほど高い成長
　　をしてきたと言えるだろう。しかし，各国とも国内での格差は拡大して
　　いる。

④　一番左の層：成長はしているが，遅いか，追いつけていない国々だ。多
　　くのアフリカ諸国などが入る。

つまり世界には先進国の格差とアフリカなどの遅れた地域の２つの大きな格
差問題をかかえていることが分かる。

　こうした格差問題が起きるということは市場がうまく動いていないという
ことなのだろうか？　それならばどうしたらいいのだろうか？　これが第２部
（第10，11章）で取り扱う不完全競争市場という問題だ。この第２部では
独占や外部性など，市場では取り扱いが難しい課題について考える。

1.6　ま　と　め

　本章では「経済学とは何か」「マクロ経済学とミクロ経済学の違いとは何
か」「市場とは何か」について議論をした。ポイントは次のとおりだ👆。

・　経済学は①どのようなモノをどれだけ生産するのか，②誰が生産す
　　るのか，③どのように分配されるのか，を考える学問だ。
・　ミクロ経済学は国レベルではなく，個々の消費者や企業の行動を扱
　　う。
・　経済理論は地図のようなものだ。うまく使えれば，よく現実の世界
　　を見通すことができる。しかし，地図が現実をうまく映し取ってい
　　るかは常に検証が必要だ。
・　市場は我々の社会をうまく調整してくれる機能があるが，格差など

課題も少なくない。そうした課題をどう解決するかも経済学の重要な役割だ。

本章のキーワード

完全競争市場	不完全競争市場
アダム・スミス	見えざる手
ソーシャル・キャピタル	トマ・ピケティ
21世紀の資本	象カーブ

コラム 1　市場に対する歴史学や人類学など様々な学問からのアプローチ

　市場でのお金の役割については経済学以外の学問でも研究がされている。他の学問の講義も，経済や市場に注目して聴講するといろいろと気づきがあると思う。そもそもの立脚点が違う場合も少なくない。しかし，そうした違いも含めて知っておくと市場に対する理解に深みが増す。

　たとえば，歴史学でも市場の問題を正面から取り扱ってきた。日本史では網野善彦，西洋史では阿部謹也だ（巻末の文献紹介参照）。両者に共通するのは，どうして中世に貨幣が流通するようになったのかという点だ。先ほどのプレゼントの事例で見たようにお金は人と人の関係を，お金の関係に変えてしまう。

　中世の共同体が中心の世界で，こうしたお金の関係は異質で異様だった。お金を扱う存在も，社会にとって異質な存在のものとして扱われていた。市場では縁がない世界，「無縁」な世界だ。共同体の中に市場が「無縁」な存在として出現したというものだ。市場は無縁だけれど，同時に自由と平和の保障された「公界」でもあった。確かに普段のコンビニでの支払いは無縁だが，妙な人間関係のゴタゴタもなく，それがむしろ心地よい場合もある。

　逆に，こうした共同体の中での「交換のあり方」を研究しているのが文化人類学だ。プレゼントは共同体における様々なモノの交換のあり方の中でも重要な一つだ。マルセル・モースは「贈与論」でモノを送る行為には，お金とは次の3つの意味で違う意味があると論じている。

　第1に，「与える義務」があるということだ。確かに大切な人の誕生日にプレゼントしないと，失礼になることがあるだろう。

　第2に「受け取る義務」があるということだ。プレゼントを「いらない」と言って受け取りを拒否することは，人間関係にかなり深刻な結果をもたらすだろう。

　第3に「返礼の義務」があるということだ。プレゼントはもらいっぱなしではまずく，必ず何らかの形でお返しが必要になるということだ。

　モースの扱った交換は，私たちが普段使っている貨幣とは違い，人と人との関係のまさに中心にあったと言えるだろう。

コラム 2　「普通」とは何か――データから考える

大学生は普通か？

　経済学ではよくデータを使う。そうしたデータを見ると社会の現状が，普段の感覚とは違うことに気がつかされる。普通とは何だろうか。日本において大学生であること，あるいは大学卒であることは「普通」だろうか？ 2009 年 3 月に卒業した全国の中学生を 1000 人とした時に，それぞれがどういう進路になったかという研究を紹介している本がある（日下田，2021）。この研究によると中学卒業生 1000 人のうち正規雇用され，3 年以上続けて働いているのは 163 人にしか過ぎない（図 1.9 参照）。

　図の青い矢印が高校→大学→就職→3 年間勤続の流れだ。中学卒業生 1000 人の進路は次のようになっている。

図1.9　中学卒業1000人の進路

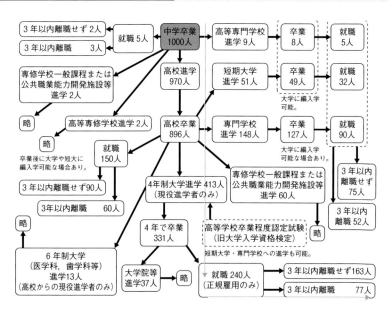

（注）　文部科学省『学校基本調査』，厚生労働省『新規中卒就職者の事務所規模別離職状況』・厚生労働省『新規高卒就職者の事務所規模別離職状況』，厚生労働省『新規大卒就職者の事務所規模別離職状況』，東京大学政策ビジョン研究センター（2014）を利用。専門学校進学者の中退率は，東京大学政策ビジョン研究センター（2014）を参考に 14％だと仮定。

（出所）　日下田岳史（2021）「進路が実質的に意味する生徒の未来」，中村高康・松岡亮二（編）『現場で使える教育社会学』，ミネルヴァ書房（青い矢印は筆者加筆）。

中学卒業（1000 人）→高校進学（970 人）→高校卒業（896 人）→ 4 年生大学入学 413 人（現役進学者のみ）→大学を 4 年で卒業（331 人）→正規雇用で就職（240 人）→正規雇用後，3 年間離職なし（163 人）

　皆さんの周りの友人も大学に行っていて，特に高校以降の友人の大半は大学に行っているという人が多いのではないかと思う。しかし，上の数字で見ると大学に入学するのは 40% 強で，正規雇用される人は 24% にすぎない。自分の周りにとって普通であることは，全体で見ると普通でないかもしれない。

　こうした数字で社会の姿を追いかけることは，その正確な姿を描き出し，自分たちの立ち位置を明確にする。盲目的に「普通」だと思っていたことが実際にはそうではないと知って，なぜだろうと考えるところから研究は始まる。

◆ 練習問題
問 1.1　経済学で考える 3 つの問題とは何か答えなさい。

問 1.2　次の項目にはミクロ経済学で扱うこととマクロ経済学で扱うことが混在している。ミクロ経済学で扱う項目を全て選びなさい。
□　製薬会社が新型コロナの新しいワクチンを発売する
□　トイレットペーパー，食品の買い占めをする人がいる
□　アメリカ・ヨーロッパでの消費全体の落ち込み
□　中国での生産減による輸入の減少
□　小麦の値段が上昇する
□　消費者物価が上昇する
□　労働組合が賃上げの交渉をする
□　GDP（国内総生産）の減少

第1部

市場がうまく動く時，経済はどう動くか（完全競争市場）

第2章

経済を3つのレンズから視る
——希少性，トレードオフ，インセンティブ

　本章ではミクロ経済学を理解するために欠かせないキーワードを3つ考える。これまで聞いたことのない言葉もあるだろう。これらの3つを理解するだけで，グッと経済の動きが分かりやすくなる。それは「希少性」，「トレードオフ（相反する関係）」，「インセンティブ（誘因）」という言葉だ。一つずつ見ていこう。

　この章のポイント 👆
- 経済を理解するためのキーワードは「希少性」，「トレードオフ（相反する関係）」，「インセンティブ（誘因）」だ。これを理解するとミクロ経済学のエッセンスが分かるようになる。
- 我々が使える時間と資源には限りがある。これが「希少性」だ。限りがあるので，私たちは「あれかこれか」と選択をしていかなければならない。この時，どちらかを選ぶと，他の選択肢はなくなる。この関係を「トレードオフ」という。
- 人は価格が安いとそのモノが欲しくなる。価格だけではないが，こうした，人をその気にさせる要素を「インセンティブ」という。

2.1 希少性

　私たちが使える資源，時間には限りがある。時間は 24 時間だし，お金も石油もダイヤも金も無限ではない。限りがあることを希少性という。

　価格はそのモノの希少性を表している。あるモノを欲しい人が多い（需要が多い）のに，なかなか手に入らない状態（供給が需要に対して少なく希少性が高い）だと価格が上がる。ダイヤ，金などはまさにそうだ。

　水は，どのコンビニに行っても必ず販売されている。つまり供給がふんだんにあるので安いのだ。つまり欲しいモノが全て高くなるわけではなく，モノの価格は需要と供給による希少性で決まるのだ。

2.2 選択とトレードオフ

　希少性があるということは選択をしないといけないということだ。予算も時間も限りのあるものなので，何かを選び，何かをあきらめなければならない。これをトレードオフ（相反する関係）という。

　たとえば，大学受験生にとって 24 時間という時間をどの教科の勉強に割くのかという選択は重要な問題だ。国語に時間を割くと，英語を勉強する時間が減る。その逆も同じだ。つまり英語と国語がトレードオフの関係にあるわけだ。

　企業にとっては，時間や予算という限りのあるものを使って何をどれくらい販売するのかというのは重要な選択の問題だ。私たち消費者もそうだ。たとえば，手持ちのお金でデザートを食べるとする。ケーキを食べると，アイスクリームを食べるお金はなくなってしまう。もしアイスクリームがどうしても食べたいとすると，ケーキはあきらめなければならない（トレードオフ）。

　このように私たちは，普段の生活の中で希少性からくるトレードオフと選択の問題に直面しているのだ。

2.3 インセンティブ（誘因）──人のやる気を引き出す

　希少性があるため，私たちは日々，トレードオフの中で選択をしなければ
ならない。そうした時，私たちはどのように行動するだろうか。たとえば，小
麦の値段が上がったらどう行動するだろうか。パンの値段が上がり，購入を
控えるかもしれない。あるいは，別のモノ（例えばコメ）を買うようになる
かもしれない。あるいは，すでに生活上，必要最低限ギリギリのところでパ
ンを購入している場合，値段が上がっても購入し続ける他ないかもしれない。

　そうした選択をするにあたって，私たちはどっちがより良い選択かいろい
ろと思いをめぐらせる。比較をするのだ。コーヒーがよいか，タピオカティ
ーがよいか，値段やそこから得られる満足度（便益）を想像するだろう。

　この時に，買いたいという気にさせる要素が「インセンティブ（誘因）」と
言われるものだ。代表的なものは価格である。セールで通常よりも安い値段
が付いていたり，「無料」「タダ」と書いてあると，どうしてもその値段に引
き寄せられてモノを買ったり，もらってしまったりすることはよくあること
ではないだろうか。逆に高いと買うのを控えるようになる（逆のインセンテ
ィブ）。

　これは企業にとっても同じだ。高く売れるものは増産をしようと考える。
逆に安くしか売れない財，つまり，なかなか売れない財については生産を減
らすだろう。つまり，個人も企業も価格というインセンティブに強く影響を
受けて行動を決めている。

●インセンティブは価格だけか

　しかし，価格だけがインセンティブではない。アルバイト代が上がると，
そのバイト先でもっと長い時間働きたいと思うだろう。そのバイト先の店長
が自分のことを認めて声をかけてくれたらなおさらだ。しかし，同じだけア
ルバイト代が上がっても何も声をかけてくれず，ただ単にアルバイト代を渡
されるだけだったらどうだろうか。やる気を失うかもしれない。つまりイン
センティブが働かないのだ。

　この例が示すように，インセンティブは価格だけではない。行動経済学と

いう分野では人の心理に寄り添って分析したり，脳のどの部分が刺激を受けているかを観察したりしながら，人間はどのようにインセンティブに反応するかを調べるような研究もされている。

　ちなみに「価格」とここでいう場合，単にモノの価格にとどまらない。たとえば，私たちの労働の対価（価格）は給与や賃金だ。普段の暮らしの中で，賃金を価格とは呼ばないが，労働の価格が賃金である。また，お金に対する価格は利子率だ。利子率が高くなるということは，銀行がより多くのお金を集めたい（預金してもらいたい）ということに他ならない。つまり，利子率というのはお金の価格と言えるだろう。モノと労働とお金はそれぞれ別な市場（生産物市場（財市場），労働市場，金融・資本市場）で取引をされている。そのことは 2 つ先の 2.5 節で解説する。

2.4　コミュニケーションの手段としての価格

　モノの価格は需要と供給で決まるが，この「価格」とは何だろうか。私たちは日々，価格の高い，低いに一喜一憂している。では，この価格とはどんな役割を社会の中で果たしているのか，あるいは果たしていないのかを考えてみよう。

　ここまで見てきたように，価格では希少性が測られている。そして，価格は経済の中で消費者や企業がコミュニケーションをとる手段になっている。どれくらい希少なのか価格という数字で情報として企業や消費者に伝えられているのだ。そして，その価格が企業や消費者に増産（あるいは減産）意欲や，購入意欲などのインセンティブを与えているのだ。

●市場経済はアナーキズム（無政府主義）？

　価格が分かれば，企業にとっては特に政府の指導を受ける必要もなければ，メディアのニュースで報道される必要もない。自分の自由意志で生産を決定すればいいだけである。旧ソビエト時代の中央集権的な社会主義のように，明日のパンをいくつ生産するかまで政府が決定して企業が製造していたのと

大きく異なる。価格の情報がありさえすればよいのだ。

　市場における意思決定は中央集権化ではなく分権化されている。あるいは政府が介入しない方がいいという意味ではアナーキズム（無政府主義）に近いとすら言えるほどである。価格を使った社会の情報の共有（コミュニケーション）がそれを可能にしているのだ。

ここがポイント！👇

・　私たちの市場での活動は全て時間や資源の希少性に制約されている。

・　だから何でもできるわけではなく，あれかこれかのトレードオフ（相反する関係）の中で選択しなければならない。

・　選ぶ時に大切なのがインセンティブ（誘因）だ。たとえば，価格が安いというのは選ぶインセンティブになる。

2.5　経済の舞台──3種類の演者と市場

　市場経済では，価格という情報をもとに経済では毎日，様々な取引や売買がされている。パンを買ったり，電車に乗ったり，会社で大きな契約をしたり。そうした経済活動は無数にある。それを全部追っていると，木を見て森を見ずになってしまう。グッと単純化すると，全体像が把握できるようになる。

● 3種類の演者

　まず，多くの売買があるが，経済を舞台に見立てると，多くの出演者がいるが，大きく3種類に分けることができる。それは，図2.1のように家計，企業，政府である（これらは，経済活動を行う基本単位として，経済主体と呼ばれる）。

　実は多くの役者は一人二役だ。朝起きたときは家にいるので家計（個人）の役割を演じている。しかし，通勤して会社に着いたら企業の立場になる。その後，お昼ご飯を食べに行ったり，家に帰ったりした時は再び家計（個人）

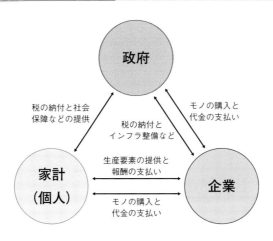

図2.1　経済を動かす３つの役者

政府

税の納付と社会
保障などの提供

モノの購入と
代金の支払い

税の納付と
インフラ整備など

家計
（個人）

生産要素の提供と
報酬の支払い

モノの購入と
代金の支払い

企業

の消費者になる。同じように，役所で働いている人も一日の時間によって政府と家計の二役を演じている。

● ３つの市場

　演者の舞台は，市場である。私たちがモノを手に入れるのはスーパーやコンビニなどだ。こうした場所を総じて市場（しじょう）という。モノやサービスの交換が行われるところが市場だ。市場というと豊洲の魚市場などを想像するかもしれないが，市場（いちば）と市場（しじょう）は異なる。

　まず，アマゾンなどネット上の取引もあるので，必ずしも物理的な場所が必要なわけではない。また，第１章でも説明したように，市場には３つの種類がある。それは，生産物市場（財市場），労働市場，金融・資本市場だ。

　スーパーやコンビニ，アマゾンは生産物市場である。ここでは個人（家計）は買い手で，企業が売り手だ。家計と企業の間には財の購入と代金の支払い以外に，「生産要素の提供と報酬の支払い」というものがある。生産要素というのは，財の生産に必要な労働・土地・資本を指す。たとえば会社で働いたり，アルバイトしたりという労働の提供は労働市場での活動だ。労働市場では学生の人は売り手で，企業が買い手である。

また，貯金をしたり株式を購入したり，家のローンを組んだりするのは資本の提供で金融・資本市場での活動にあたる。当然，これらには利子などの対価が支払われる。それが「報酬の支払い」だ。こうした活動で家計と企業は結ばれている。

一方，政府は企業や家計とは主に税金を中心とした関係にある。政府は税金を集め，それをもとに社会福祉や教育などの公共サービスを提供するのだ。以上が市場経済の舞台である。

●自由か強制か

市場経済の舞台で大切なことは交換が全て自由意志で行われているということだ。私たちがパンを買うのは強制されるのではなく，自分で好きなものを選んで貨幣と交換する。また，パンの売り手も自分の意思でパンを作る。そして，この交換によって，売った方（企業）も買った方（消費者（家計））のどちらも利益を得ることができる。これは当たり前のことだろうか。常に社会がこうした状態にあるわけではない。たとえば，かつてのソビエト連邦のように社会主義国では国家が何をどれだけ作るか決めていた。しかし，そうした計画経済はうまくいかなかった。

この後に詳しく見ていくが，市場経済では，政府ではなく人々が，強制ではなく自由意志で交換することにより，価格を通じて，市場で「何がどれだけ生産されるのか（What and how much ？）」が決まる点に特徴がある。

ここまで見てみたように，市場にはいろいろな人や企業が集まってくる。お互いにいろいろな夢があり，希望があり，欲望がある。そうした様々な想いをそれぞれが持ち寄り，価格という指標を使いながら交換する場が市場である。

2.6 市場ではどんなことが前提になっているか

前の節ではモノの値段は需要と供給で決まるとしてきたが，そうなるにはいくつかの前提がある。経済学ではこうした前提を「仮定」という。こうし

た仮定を置くことにより，より厳密に分析できるようになるからだ。前章で見たように，地図を見ることにより，よりよく場所を把握することができる。仮定を設けることにより，理論が設定でき，遠くまで見通すことができるわけだ。もちろん，現実はこの仮定どおりではないこともある。その時には，この仮定を見直すことにより徐々に個々の状況にあわせていくのだ。理論という顕微鏡のピントを調整するようなイメージである。

　さて，ここでの最も基本的な仮定は次の 3 つだ。

1. 消費者（家計）は合理的に選択をする。そのために十分な情報を持っている（完全情報という）
2. 企業は利潤をできるだけ大きくしようとする。そのために十分な情報を持っており（完全情報），その経営から生じたコストは自社が負担する
3. 市場では競争が行われていて，そこで価格が決まっている（価格受容者，プライス・テーカー）

● 消費者の合理的な選択と完全情報

　最初の「消費者は合理的に選択する」というのはどうだろうか。人によって好きなモノは違う。良い車を持つことが好きな人もいれば，バイクが好きな人もいるだろう。イタリア料理が好きな人もいれば，ブラジル料理が好きな人もいるだろう。人によって好みはそれぞれだが，常に消費者は自分の好みに応じて満足感を得ようとする。これは料理などだけではなく，お金や資産なども含まれるので，基本的には消費者は「様々なオプションを比較検討して，自分の利益を追求する」と言えるだろう。

　こうした選択に欠かせないのが正確な情報だ。商品についての正確な情報があってこそ，消費者は本当に欲しいものが購入できる。私たちは，ネットでレストランの口コミなどを一生懸命に見て比較する。これは，より正確な情報を得て判断をしたいからだろう。この時に，実際には口コミではなく宣伝が紛れていたら（ステルスマーケティング），正確な判断ができなくなる。また，国産の食材を買いたいと思っている消費者にとって，その生産地が偽装されていたりすると正確な判断をすることができない。消費者の合理的な選択に十分な情報のことを完全情報という。

●利潤を最大化する企業

次に企業はどうだろうか。企業が利潤を追求することはあまり説明はいらないだろう。もちろん，社会のための取り組みも行うが，それはビジネスに必要な選択であって，本質的には企業は利潤を追求するものである。もちろん，これは社会的な取り組みを全くしないという意味ではない。企業活動の根本には利潤追求が原理としてあるということだ。

そして，消費者と同じく企業も自社の戦略を考えるにあたって当然ながら正確な情報が必要である。経済学では，企業は利潤追求のために十分な情報（完全情報）を持っていると仮定する。そして企業はその経営をするにあたって，様々なコストが必要になる。そして，そうしたコストは自社が負担するのであって他社や第三者に負わせたりはしない。

●価格は競争市場で決まっている

最後の「市場では競争が行われる」というのはどういうことだろうか？ 価格は需要と供給で決まるということだった。ということは，企業が一方的に価格を決めるわけではないということだ。企業も競争している以上は勝手に値段を上げられない。値段を上げれば競争している企業に顧客を持っていかれてしまう。つまり，市場の需要と供給で決まる価格で販売するのだ。こうした状態を「企業や個人は価格受容者（プライス・テーカー）である」という。価格設定者ではないというのが，ここでのポイントだ。そうした競争市場を完全競争市場という。想定どおりに機能しているからだ。

それに対して，想定どおりに市場が動いていない場合は不完全競争市場という。独占や寡占状態などのケースだ。この場合，独占企業が価格設定者（プライス・メーカー，またはプライス・リーダー）になってしまう。この点については第10章で詳しく解説したい。

いずれも当たり前すぎるように思えるかもしれない。しかし，現実社会は複雑なので，いつもこれらの仮定どおりというわけではない。なので，この本の後半ではそうした部分も解説していく。ただ，最初から複雑なことを勉強すると迷路にはまってしまう恐れがある。ここでは最も基本的な市場の分析から始め，徐々に複雑な部分へ移っていきたい。

2.7 まとめ

　本章では，経済を見るときに重要なキーワード「希少性」，「トレードオフ」，「インセンティブ」を見てきた。そのポイントをまとめておこう👇。

- 希少性：資源や時間には限り(希少性)がある。そのため，望むものを全て生産できるわけではなく，また，手に入れられるわけではない。そのため全員が望む限りの生活水準を達成できるわけではない。
- トレードオフ（相反する関係）：資源と時間に限りがある以上，何かを手にいれるためには，何かをあきらめなければならない。この相反する関係をトレードオフという。
- インセンティブ（誘因）：報酬や罰のように，人々を行動に促すものをインセンティブという。価格はインセンティブを与える代表的なものである。
- ３つの市場：生産物市場（財市場），労働市場，金融・資本市場の３つの市場がある。ここで家計（個人），企業，政府の３者が経済活動を行う。
- ３つの前提：市場がうまくいく前提が３つある：①消費者は完全情報にもとづいて合理的に選択をする，②企業は完全情報にもとづいて利潤を最大化する，③価格は競争市場で決まっている。家計も企業もプライス・テーカーで，価格の設定者ではない。

本章のキーワード

希少性　　　　　　　　　　　　　トレードオフ
インセンティブ
３つの市場（生産物市場（財市場），労働市場，金融・資本市場）
完全情報　　　　　　　　　　　　価格受容者（プライス・テーカー）

平均所得はいくら？

　「普通」とは何だろうか。普通を考える時に，私たちはよく「平均」を気にする。その代表的なものはテストの平均点だろう。平均点を知ると自分の位置がはっきりするからだ。平均とは言うまでもなく，データの合計をデータの数で割ったものだ。しかし，間違いやすいことだが平均点は全データの「真ん中」ではない。

　たとえば，世帯別の平均所得はいくらだろうか。答えは図2.2のとおり552万3千円だ。「年収300万円の壁」という言葉もある中で平均所得の高いことに驚く人もいるのではないだろうか。これは，図2.2の右端の「2000万円以上」において，たとえば年収1億円などの高い所得の人たちがいるため，平均はその計算の性質上，そうした高額所得者に引っ張られて高くなってしまうのだ。

　実際，図2.2の中で最も多い所得階級は200-300万円で13.6%にのぼる（こうして最も多い頻度を示す値の事を最頻値という）。100万円から400万円までを入れると39%の世帯がここに集中している。

　しかし，最頻値も真ん中というわけではない。図には中央値というのが示されているが，これはデータを所得階層の高い人から低い人へ順番に並べた時に，ちょうど真

図2.2　所得金額階級別世帯数の相対度数分布

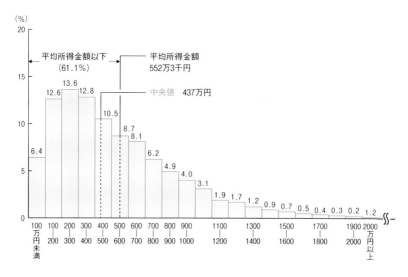

（注）　2019年調査。2018年1月1日から12月31日までの1年間の所得。
（出所）　厚生労働省「2019年　国民生活基礎調査の概況」より。
　　　　https://www.mhlw.go.jp/toukei/saikin/hw/k-tyosa/k-tyosa19/dl/03.pdf

ん中に来た人の所得を示している。中央値ならば，所得が極端に高い人がいても影響を受けない。

中央値は外れ値（高額所得者など他の値から大きく外れた値）に影響されないという利点があるため，貧困線を設定するのに使われている。貧困線というのは世帯の生活を維持できない所得の境界線を表す指標だ。これは国民生活基礎調査において算出される等価可処分所得の中央値の半分となっていて，2018 年の貧困線は 127 万円となっている（2018 年で 15.4% の世帯が貧困線以下となっている）。

ぜひ，普通とは何かを考えるのに，「平均」，「最頻値」，「中央値」の 3 つを区別しながらデータを読み解いていって欲しい。

グラフにだまされない

データを分析する時にグラフにすることの有用性は言うまでもないだろう。次の表 2.1 を見てもすぐにその特徴を捉えるのは難しい。しかし，図 2.3 のようにグラフに

表2.1　日中韓の実質一人当たり国内総生産（GDP，ドル）

年	2011	2012	2013	2014	2015	2016	2017	2018	2019	2020	2021
日 本	33,011.13	33,518.44	34,239.89	34,386.91	34,960.64	35,242.20	35,861.97	36,117.23	36,081.07	34,556.44	35,291.01
中 国	26,186.90	26,675.44	27,394.65	28,094.92	28,732.23	29,461.78	30,307.40	31,053.64	31,640.21	31,372.47	32,730.65
韓 国	6,152.69	6,591.65	7,056.41	7,532.77	8,016.43	8,516.51	9,053.21	9,619.19	10,155.49	10,358.26	11,188.30

（出所）　世界銀行 World Development Indicator より著者作成。

図2.3　日中韓の一人当たり国民総生産

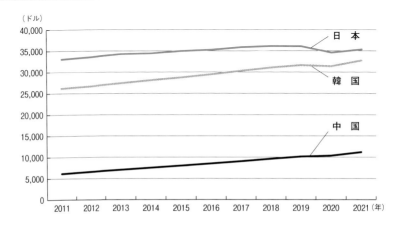

図2.4　ブランドＡかブランドＢか（商品調査）

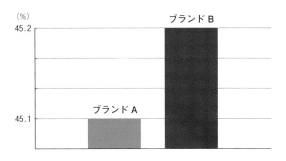

図2.5　商品調査の結果の全体像

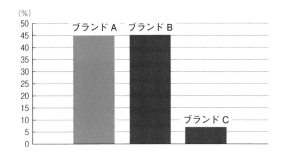

すれば一目見てその特徴を把握することができる。分かりやすいのでビジネスの場などでも説得力があって武器になる。

　しかし，印象だけで結論を急がないように注意が必要だ。以外な落とし穴があるからだ。グラフを印象だけで読み取ってしまうと，誤って情報を理解してしまうかもしれない。いや，グラフを作る側はそうした効果を狙って作っている場合が多いので，その意図どおりに理解しているとも言える。たとえば，商品調査の結果が図2.4のようにまとめられていたとする。消費者にブランドＡとブランドＢのどちらが好きかを選んでもらって，それぞれ何％の人が好きだと言ったかをグラフにまとめたのだ。この図で見るとブランドＢの方が圧倒的に人気がありそうに見える。

　しかし，図2.4の縦軸をよく見ると実はその差は0.1％にすぎないことが分かる。この図は間違っていないが，その差がわずかであるにもかかわらず大きな差があるかのような印象を与えてしまう。

　図2.5は同じ商品調査全体の結果をまとめたものだ。まず，この調査にはブランド

Cがあったことが分かる。図 2.4 では入れられていなかった。ブランド C はあまり選ばれなかったことが分かる。そして、この図になるとブランド A と B はほとんど同じだけの人たちから好きだと選ばれていたことが分かる。ネットなどに掲載されている図の中には意図的にこうした、実際とは別の印象を与える図が掲載されていることがある。図を見たら縦軸に注意して読み取ることがだまされないために重要だ。

コラム 2 「選択」を経済学と社会学から見ると

本章ではトレードオフと関連して「選択」を取り扱った。一橋大学の竹内幹先生によるとハーバード大学の経済学者、ジェームズ・デューゼンベリー教授は「経済学は、人々が何をどのように選択するかを分析し、社会学は人々がなぜその選択肢しか持っていないかを分析する」と述べていたという。

竹内先生はこの事例を日本の選挙の女性の立候補者が少ないことに触れて書かれている（朝日新聞 2022 年 7 月 21 日）。つまり候補者が少ないのは「女性の自己選択の結果にすぎない」とするのか、それとも、ジェンダーなどの社会規範に従って「意識せずにその規範に沿って行動してしまう」ことによる結果であるのかという問題である。

経済学の議論は自己選択論、自己責任論に傾きがちである。実際の問題を解決するには経済学のアプローチだけではなく、社会学や政治学のアプローチが必要になることもある。ぜひ経済学だけではなく、他の学問からも同じ課題について検討してみて欲しい。

◆ 練習問題

問 2.1　次のような行動は、生産物市場（財市場）、労働市場、金融・資本市場のどこにおける経済活動か。

□　成田空港で円をドルに交換した
□　就職を目指して就活する
□　新幹線の切符を買う
□　カフェでコーヒーを飲む
□　豊洲市場でマグロを買う
□　銀行預金をする
□　家を買うためにローンを組む

問 2.2　経済には 3 つの主体が存在する。家計、企業、政府だ。会社員は、朝起きて会社に行ってから帰宅して就寝するまでの間、どの主体であるか答えなさい。1 つで

あるとは限らない。

問2.3　ミクロ経済学を読み解くために重要な3つの概念について，以下の空欄を埋めなさい。

　　私たちの時間や予算は限られており　　①　　がある。価格は　　①　　を表しており，　　①　　が高いと価格が上がる。　　①　　があるため，私たちは常に　　②　　しなけれなばらない。こうして製品Aか製品Bのどちらかを選ばなければならない場合，これを　　③　　という。企業がもっと生産したい，消費者がもっと購入したいとやる気にさせる要因が　　④　　だ。価格は　　④　　の代表的なものだ。

問2.4　市場の3つの仮定について，次の空欄に入る言葉を書きなさい。
1.　消費者（家計）は　　①　　的に選択をする，そのために十分な情報を持っている（　　②　　という）。
2.　企業は　　③　　をできるだけ大きくしようとする，そのために十分な情報を持っており（　　②　　），その経営から生じた　　④　　は自社が負担する。
3.　市場では競争が行われていて，そこで価格が決まっている時，消費者も企業も価格に関して　　⑤　　だ。

問2.5　予算に限りがある時，市場で私たちはどうしなければならないか。最も適切な答えを選びなさい。
①　買いたいという気持ちを抑えなければならない
②　利用可能な選択肢の中から選択しなければならない
③　今あるもので満足する方法を身につけなければならない
④　インセンティブを求めなければならない

問2.6　消費者や企業が市場において意思決定を迫られるのはなぜか。最も適切な答えを選びなさい。
①　景気が悪いため
②　資源が希少であるため
③　政府が悪いため
④　モノとサービスは希少ではないため
⑤　意見が対立するため

第3章

需要・供給と価格の関係
——どうしてトイレットペーパーやマスクが買えなかったり価格が高騰したりしたのか

　この章から始まるのがミクロ経済学の最も大切な「需要と供給」の分析である。最初は単純な事例から始めていくが，特に3.6節以降はゆっくりと理解を確かめながら進んで欲しい。この章の単純な事例が，次章以降に徐々に複雑になるので少しでも分からなくなったら立ち止まって，場合によっては前に戻って確かめて欲しい。それによって，どのように価格が決まり，変化するのかが分かるはずだ。

> **この章のポイント** 👇
> ・ コンビニで売られているようなモノの値段はどのように決まっているのだろうか？
> ・ どうして新型コロナ禍でトイレットペーパーやマスクの値段が上がったり，手に入らなくなったりしたのか？ また，ロシアのウクライナ侵攻でどうして小麦の値段が上がったりするのか？「市場」はどう動くのか？
> ・ 水がなくては生きていけないが，ダイヤはそうではない。しかし，水の価格は安く，ダイヤは高い。どうしてか？

3.1 需要曲線

　モノやサービスの値段は需要と供給で決まるが，本章ではもう少し詳しくそのメカニズムを見ていきたい。まず需要について見た上で，供給について見ていきたい。

●個人の需要曲線

　まずは私たち個々人の需要を考えてみよう。同じモノならば安かったモノが高くなると残念に思うだろう。たとえば，普段，食べているランチの値段が 500 円から 600 円に値上がりしたとしよう。皆さんの満足度はどうだろうか。下がるだろうし，もう食べたくないと思うかもしれない。これを経済学では「需要が減少する」という。需要曲線というのは，そうした価格に対する私たちの感じ方，つまりは需要を分かりやすく表したものだ。

　需要曲線で大切なのは，単にそのモノが欲しいかではない。手持ちのお金（所得）に限りがある中で（予算制約），私たちが市場で決まっている価格でそのモノを買う，あるいは買わないという選択をし，需要量がどうなるかという点が重要だ。需要曲線は価格が変化した時の，私たちの需要量の変化を表している。

　この価格と需要の関係をマスクの例で表すと図 3.1 のようになる。右の表に示したように，マスク 1 袋（7 枚入り）が 100 円で安い時，安いので多くの人が買おうとする。その需要量は 7 袋であるとする。しかし，価格が 200円，300 円と上がり出すと，同じ所得では同じ量のマスクは買えなくなってくる。そうすると，徐々にマスクの需要量が下がってくる。高いからだ。左のグラフは，この表をグラフ化したものだ。これが需要曲線と言われるもので，右下がりになっている。

　ここでは需要「曲線」と書いているが，図は「直線」になっている。「あれっ」と思った人も多いと思う。曲線は様々なものがあり，直線はそうした線の一つである。曲線になること自身が大きな意味を持つが，それは後の章で扱う。ここでは話を単純化するために，まずは直線で表現し，後に曲線を使って説明していきたい。

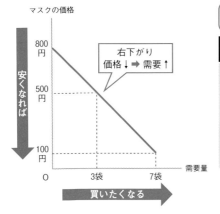

図3.1　需要曲線

マスクの価格

マスク（袋）の価格	需要量（袋）
100	7
200	6
300	5
400	4
500	3
600	2
700	1
800	0

需要曲線は，様々な価格における財の需要量を表す。

右下がり
価格↓ ⇒ 需要↑

安くなれば

買いたくなる

　よく価格を縦軸に書くべきか，横軸に書くべきか迷ってしまうことがある。高校までの数学では横軸（*x* 軸）の数字が変化する。経済学では価格が重要だ。そして，この価格は縦軸に取られる。価格が縦軸に，需要量は横軸に取ることさえ覚えておけば，後はいつでも「高くなれば需要量が減る」という原理をもとに需要曲線を描くことができる。なので，ここでは縦軸と横軸に何が取られているかをしっかり理解しておこう。

●市場全体の需要曲線

　ここまで見てきたのは個人の需要曲線だった。マスクを例にとっても，1袋100円ならできるだけ多く買いたいという人もいれば，マスクを一度にそんなに多く買いたいとは思わない人もいる。市場に集まってきている人たちには，それぞれ別の考えがある。したがって，個人の需要曲線がそのまま市場の需要曲線になるわけではない。

　たとえば，図3.2のようにマスク1袋の価格が500円の際に，Aさんはマスクを5袋，Bさんは7袋購入したいと思ったとしよう。2人の需要曲線は図のように異なったものだ。では市場全体ではどうだろうか。ここでは単純化するために，市場に2人しか人がいないとすると，この市場全体での需

図3.2　個人の需要曲線と市場全体の需要曲線

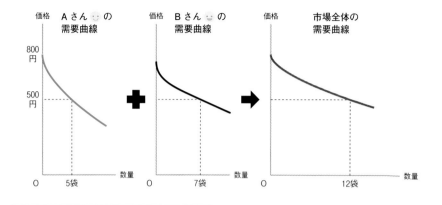

要曲線は２人の需要を足し合わせたものになる。たとえば，500 円の時の市場の需要量は 12 袋になる（A さんの需要量 5 袋＋ B さんの需要量 7 袋＝市場の需要量 12 袋）。実際の市場は２人ということはないが，理屈は同じだ。個人の様々な需要にもとづき，それが足し合わされて市場全体の需要になるのだ。

3.2　供給曲線

　では供給側はどうだろうか。売る側から見れば，もしマスクの価格が高いなら，マスクの販売から得られる利益が高いので，供給量を増やそうとする。つまり，価格が上がると供給量が増えるのである（図 3.3）。マスク１袋が 100 円であると，あまり儲からないので，それほどマスクをたくさん生産したいとは思わないだろう。この時，この会社は 300 袋だけ生産している。これに対し，金額が 500 円に上がると企業はもっと販売したいと思うだろう。100 円で売るよりもずっと儲かるからだ。

　価格が上がるともっと売りたいと思う関係が図 3.3 の表に価格と供給量の対応関係として書かれている。価格が上がると供給量が上がっている。これを図にしたものが供給曲線だ。特徴は右上がりだ。需要が右下がりであるこ

図3.3 供給曲線

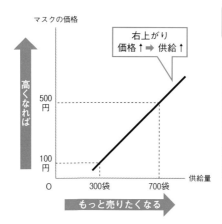

マスク（袋）の価格	供給量（袋）
100	300
200	400
300	500
400	600
500	700
600	800
700	900
800	1000

とと対照的だ。もし，分からなくなったら価格が上がった時に，皆さんがもっと売りたいと考えるかどうかを考えれば右上がりであることが分かるだろう。

ここがポイント！

- ・ 価格は市場における需要と供給で決まる。
- ・ 需要曲線は，安くなればもっと買いたくなるので右下がりになる。
- ・ 供給曲線は，高くなればもっと売りたくなるので右上がりになる。

3.3 需要曲線，供給曲線のシフト

●需要曲線のシフト

　ここまで見てきた2つの曲線だが，これらは同じ場所にずっとあるわけではない。突然，どうしてもあるモノが必要になることがある。たとえば，コロナ禍で最初の緊急事態宣言が出た時，トイレットペーパーを買いに走る人が世界中で増え，コンビニやスーパーからトイレットペーパーが消えた。値

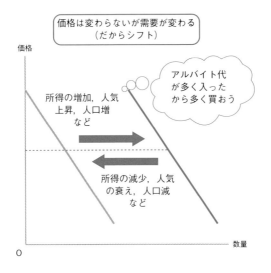

図3.4　需要曲線のシフトとその要因

価格は変わらないが需要が変わる
（だからシフト）

価格

所得の増加，人気
上昇，人口増
など

アルバイト代
が多く入った
から多く買おう

所得の減少，人気
の衰え，人口減
など

数量

O

段が安くなったわけではなかったが，急な世の中の動きに応じてみんなトイレットペーパーを求めたのだ。東日本大震災のすぐ後，福島第一原子力発電所の事故が起きた際には都内の水道水から放射性物質が検出されたため，店頭からミネラルウォーターが全くなくなってしまった。多くの人がミネラルウォーターを買い求めたからだ。どちらも値段は変わっていなかった。

　これは，どう説明できるだろうか。こうした動きは図3.4のように需要曲線がシフト（平行移動）した現象だったのだ。価格は同じままで，需要が増える，すなわち同じ価格でももっと欲しいと思う人が増えたのだ。このように需要曲線がシフトすることがある。

●需要曲線をシフトさせる要因

　需要曲線をシフトさせる主な要因としては次のようなものがある（図3.4）。

・　所得の増加：所得が増えたので，買える量が増える（右へシフト，所得が減ると左へシフト）

・　人口増：個人の買う量は増えなくても，人口が増えたので全体で買う量が増える（右へシフト，人口減少すると左へシフト）

・　期待の変化：将来値段が上がると期待（あるいは予想）するようになる
　　と，今，モノ（たとえば，家や土地）を買う人が増える（右へシフト，期
　　待がなくなると左へシフト）
・　流行：ファッション，アイドルなどブームになると，その関連製品の需
　　要が増える（右へシフト，ブームが去ると左へシフト）
・　関係するモノの値段の変化

●代替財と補完財

　シフトする要因の最後の「関係するモノの値段の変化」によって需要が変
わるのには2つの異なるメカニズムがある。これは2つのモノがどのような
関係にあるかで変わってくる。一つは代替財という関係だ。たとえば，パン
とコメのような関係である。パンの値段が上がると，その代替にコメを食べ
る人が増えるのでコメの需要が増える。逆にコメの値段が上がると，パンを
食べる人が増えるだろう。

　これと正反対の関係にあるのが補完財である。これはコーヒーとミルクの
ような関係だ。つまり代替されるのではなしに，一緒に使われるケースであ
る。この場合，コーヒーの値段が上がるとコーヒーを飲むのを控える人が増
えるだろう。これに伴って，コーヒーにミルクを入れる必要がなくなるので
ミルクに対する需要も減ってくる。補完関係にあるからだ。

　ここで重要なことがある。繰り返しになるが，このシフトするケースでは
対象となっているモノそのものの値段は変わっていないということだ（ちな
みに，代替財，補完財のケースも「関係する財の値段が変わった」だけだ）。
対象となっているモノの値段が変わるとどうなるかは後の3.8節で見る。こ
このセクションで重要なのは価格が変わっていない時に需要量が変わる，需
要曲線がシフトするケースだということである。ここで，「多くの人が需要す
るようになると値段が上がるのではないか」と気がつく人もいると思う。こ
れは後に解説する。

●供給曲線のシフト

　さて，需要曲線と同じように供給曲線もシフトする。ではどんな時に供給

図3.5　供給曲線のシフト

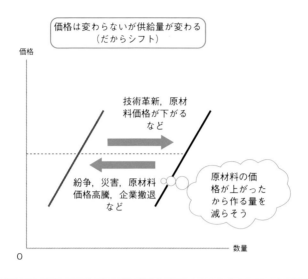

曲線はシフトするだろうか。シフトするのは需要曲線の場合と同じだ。たとえば，ロシアのウクライナ侵攻があって世界的に小麦の供給量が減った。こうした場合，同じ値段で供給できる小麦の量は減少してしまう。図 3.5 に書かれているうち供給曲線の左へのシフトがこれにあたる。同じ価格で供給できる小麦の量が減ってしまうからだ。

●供給曲線をシフトさせる要因

　他に供給量はどんな時に増えたり減ったりするだろうか。以下のように様々な要因がある。たとえば，災害や天候不順などで農作物の生産がうまくいかなかった場合は同じ価格で供給できる量は減少する（供給曲線の左へのシフト）。ロシアのウクライナ侵攻などの紛争や戦争も災害の一つと考えていいだろう。それ以外に技術革新（イノベーション）で生まれた新しい技術により，これまでと同じ価格で多くのモノを生産できるようになるときも供給曲線はシフトする（この場合は増産なので右にシフトする）。

・　災害や天候不順：生産量が下がると左へシフト
・　技術革新：イノベーションにより生産性が上昇すると右へシフト

- 原材料価格：モノをつくるための原材料価格が上がると生産量が減少（左へシフト，逆に下がると増産するので右へシフト）
- 利子率：企業は借り入れをして事業をしている。利子率が上がると返済額が増えるので，生産に回せる資金が減少（左へシフト，利子率が下がると逆に資金が増えるので右へシフト）
- 期待の変化：将来の景気がよくなると予想すれば増産するので右にシフト（逆に景気が悪くなると予想すると減産するので左にシフト）

　ここでも，小麦の価格が高騰しているのに，どうして価格が上がっていないのか気になる人もいると思うが，ここまで別々に見てきた需要と供給の関係を一緒に考える必要がある。その話に行く前にもう一つ，次のセクションで頭の整理をしておきたいことがある。

> ここがポイント！🙂
> - 需要曲線・供給曲線ともシフトすることがある。
> - 価格が変わらない時，ボーナスが出てもっと多く買いたいと思うと需要曲線は右にシフトする。給与が減ったら逆に買う量を減らすので左にシフトする。
> - 災害や天候不順で不作だった場合，同じ価格で供給できる農産物の量は減ってしまう。だから供給曲線は左にシフトする。

● 「曲線上の動き」と「シフト」の違いについて
　さて，頭の整理が必要な点とは，需要曲線・供給曲線の「曲線上の動き」と「曲線自身のシフト」の2つの違いである。これを理解することにより，価格が決まるメカニズムが明確になる。
　図3.6の左のケースは需要曲線上の動きである。値段が下がっている（500円から100円）ので，それならマスクをもっと買おうと思う人が多く，需要が300袋から700袋に増えている。これは需要曲線に沿った動きである。一方，右のケースは曲線上ではなく，曲線がシフトする動きである。価

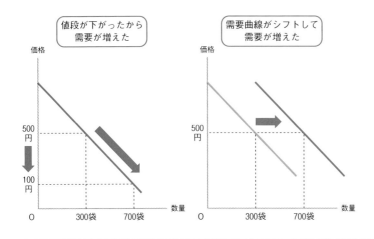

図3.6　需要曲線の「曲線上の動き」と「シフト」

値段が下がったから
需要が増えた

需要曲線がシフトして
需要が増えた

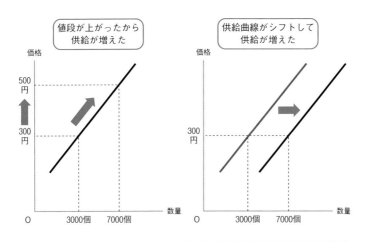

図3.7　供給曲線の「曲線上の動き」と「シフト」

値段が上がったから
供給が増えた

供給曲線がシフトして
供給が増えた

格は500円のままだが，新たな感染症が出て需要が増えている（300袋か
ら700袋）。どちらも需要が増えることは同じだが，価格が下落するのか，
そのままかが違う点だ。

　需要曲線だけではない。供給曲線も同じように動く。図3.7はパンの供給
を示したものだが，需要曲線と同じような仕組みで動いている。左図は価格

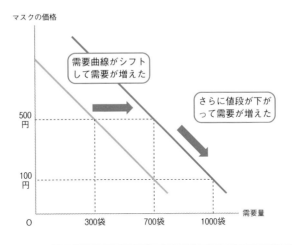

図3.8 需要曲線のシフトと曲線上の動き

マスクの価格

需要曲線がシフト
して需要が増えた

さらに値段が下が
って需要が増えた

500
円

100
円

O   300袋   700袋   1000袋

需要量

が変化しており（300円→500円へ上昇），右図では価格は変わっていない。左図のように価格が変化した場合は，値段が上がるのであれば儲かるからもっと供給したいと思うだろう。高く売れれば儲けは大きくなる。一方，右側の図では価格は変わらないが生産技術の向上で同じ価格でより多くのパンを製造できるようになると供給曲線がシフトする。2つのケースではどちらも供給量が増えたという点では同じだ。ただ，価格が変わるか，そのままかの違いがある。この2つを区別して考えることが必要だ。

● 「シフト」と「曲線上の動き」が同時に起こると

　ここまで，需要曲線のシフトと曲線上の動きを別々に見てきたが，図3.8のようにこの2つの動きが同時に起こることもある。この図では，まず，最初に新たな感染症が出るなどして，同じ値段のマスクに対する需要が高まり，需要曲線が右にシフトする。その後，何らかの要因でさらに値段も下がっている。これによって，さらに需要が増えている様子が分かる。シフトと曲線上の動きが同時に起こるとこのような図になる。供給曲線も同じようにシフトと曲線上の動きが同時に起こることもある。動き方は需要曲線の場合と同じだ。

この章では需要と供給について学んだ。値段が安くなると欲しくなる（需要が大きくなる）。しかし，一方で企業にとっては安いのであればあまり製造したいとは思わなくなる（供給は少なくなる）。価格はこの2つの微妙な関係で成りたつのだ。

　これでようやく，舞台が整った。次に需要と供給で価格が決まる「均衡」について話を進めていく。

3.4　需要と供給がつりあうと？——均衡

　第2章で「モノの値段は需要と供給で決まる」と書いた。この章ではこれまでの3節で学んだ需要曲線と供給曲線から，どのように値段が決まるかを見ていく。

●価格はどこで決まるか

　さて，では価格はどこで決まるのだろうか。会社の社長が独断で決めているのだろうか。そうではない。完全競争市場では会社には競争相手がいる。買ってくれるかどうかで価格が変わってくる。つまり，完全競争市場では会社が自分の都合で値段を決めることはできない。市場で売れるかどうかを考えながら値段を設定するのだ。つまり需要（売れるかどうか）と供給（いくらだったら売りに出したいか）の関係で決まるのだ。図 3.9 はこの関係を図示したものだ。

　供給曲線に示されたのが企業の考える，価格に応じた販売量である。高く売れるのならばより多く売りたいと考える。図は，コーヒーチェーン店を例にしたものである。コーヒーがもし 500 円で売れるのならば，300 円で売るよりも儲かるのでチェーン店はもっと売りたいと思うだろう。この関係から供給曲線は右上がりになる。

　これに対して需要曲線は右下がりになっている。もし，コーヒーが 500 円であったならば顧客は買おうとは思わないだろう。つまり，価格が上がると買いたいとは思わなくなる（需要が少なくなる）のだ。

図3.9　均衡について

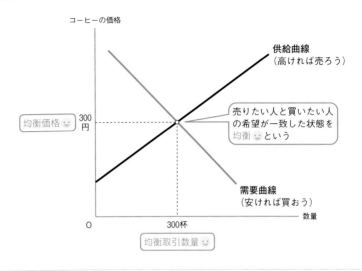

●均衡とは？

　この時，価格は需要と供給が一致する点，すなわち図3.9のように2つの
曲線の交わる点で決まる。この需要と供給が一致した状態を均衡と呼ぶ。経
済学ではこの均衡という言葉がとても重要だ。均衡こそが「モノの値段は需
要と供給で決まる」点だからだ。ここで決まってくる価格が均衡価格，取引
量が均衡取引量だ。

　この均衡価格は，買い手にとっても売り手にとっても最も良い価格になる。
なぜなら，消費者にとっては高すぎず安すぎず自分の買いたいモノが買える
からだ。また，企業にとっても安すぎて儲からないわけでもなく，高すぎて
売れないわけでもない最も良い価格だ。

　均衡という言葉はもともと物理学などでよく使われる言葉だ。天秤があっ
て，左右のつりあいが取れた時を均衡と言ったりするだろう。経済学は物理
学のように様々な力で変化していく，そうした観点で社会を見ていることを
よく表している言葉である。供給と需要の天秤が，最初はバランスが取れて
いない状態から始まり，徐々に左右でのバランスが取れて均衡に達するよう
なイメージだ。

「均衡」の意味するところは，消費者は最も望ましい価格でモノを購入し，企業は最も望ましい量の生産をしているということだ。そして，市場では誰かが価格や，生産量を決めているのではなく，需要と供給の関係から自然とバランスが取れて，それらが決まってくる。先に触れたアダム・スミスは，これを「見えざる手」によるものと説いた。

3.5　モノが手に入らない時，ありあまる時
——不足と過剰

　市場でどのように価格が決まるか目にすることができるのが，魚市場の競りや，絵画のオークションである。売りたい人と買いたい人が集まり，そこで値段を決める。市場での価格調整は，基本的にはそれと同じだ。

●超過供給

　図 3.9 のコーヒーチェーン店の場合，コーヒーの均衡価格は 300 円だが，図 3.10 のように，コーヒーの市場価格が 500 円になったらどうなるだろうか。この価格では，高すぎるのでお客さんは来なくなるだろう。需要が少なくなるのだ。一方，売る方とすれば 500 円は高いのでもっと売りたくなる（供給の増加）。そうすると，売る量は多くなるのに，買ってくれる人は少ないことになる。

　コーヒーの価格が 500 円の時の供給量と需要量は，それぞれその価格と需要曲線，供給曲線が交わる点になる。需要量は 90 杯に，供給量は 600 杯となる。つまり，510 杯（600 杯 - 90 杯）の超過供給状態になり，売れ残りが発生する。そうすると，企業は価格を下げざるを得なくなる。

　コーヒーチェーン店の 1 社が値下げすると，他社も追随する。買い手は当然だが安いチェーン店のコーヒーを買うからだ。こうして，需要と供給が一致するところまで市場での価格調整は続き，最終的には 300 円の均衡価格に落ち着く。これが先ほど述べた見えざる手であり，天秤のバランスが崩れてもゆらゆらしつつ，もとの左右のバランスが取れた状態に戻っていくプロ

図3.10　超過供給と超過需要

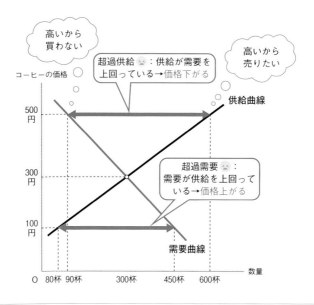

セスだ。価格調整メカニズムと言われるものである（価格の自動調整作用と言うこともある）。

●超過需要

　逆にコーヒーの価格が100円の時，すなわち値段が均衡より安い時は今と状況が反対になる。今度は安いので多くの顧客が買いたくなる。でも，その価格で売りたいというコーヒーチェーン店は少ないだろう。100円の時の需要量と供給量は，価格の横線と需要曲線，供給曲線が交わる点になる（需要が450杯に増加，供給が80杯に減少）。つまり，100円では370杯（450杯－80杯）の超過需要となる。

　こうなるとどうなるだろうか。多くの人がコーヒーを飲みたいのに，ほとんど市場では手に入れられないということになる。売っている場所がないからだ。そうすると，きっと200円などもう少し高くても欲しいと思う人が出てくるだろう。企業の方でも200円で販売を始める会社が出てくるはずだ。なぜなら，買ってくれる人がいて，しかも200円はまだ超過需要の状態なの

でどんどん売れるからだ。

　そうすると，さらに高い値段でコーヒーを販売する店も出てくる。どんどん買ってくれるからだ。こうして価格は徐々に上昇していって，最終的には供給と需要が一致する 300 円で均衡になる。

3.6　市場均衡価格の変化
　　（需要曲線，供給曲線のシフト後）

●供給曲線シフト後の市場均衡

　3.3 節で供給曲線のシフトについて見た。供給曲線がシフトするのは，同じ価格で供給できる量が変わるからだった。たとえば，ロシアのウクライナ侵攻で世界的に小麦の供給が減った。これは図 3.11 のような供給曲線の左へのシフトだった。図では小麦 200 ドル/トンがもともとの均衡価格だ。供給曲線と需要曲線が交わっているからだ。

　さて，この時，ウクライナ侵攻のような紛争や干ばつなどの災害で小麦の供給量が減った，つまり小麦の供給曲線がシフトしたら均衡価格はどうなるだろうか。図のように，供給曲線が左へシフトする。同じ価格のままで供給できる量の小麦が減少するからだ。この時注目していただきたいのは，需要曲線と供給曲線が交わる点が A から B に移っていることだ。つまり市場均衡が変わったのだ。価格は 200 ドルから 400 ドルに高騰した。取引量は 300 トンから 200 トンに減った。実際，ウクライナ危機やアフリカにおける干ばつにより世界各地で小麦やパンの値上げが起こった。それはこうしたメカニズムで価格が上昇したわけだ。

●需要曲線シフト後の市場均衡

　さて，次に需要曲線がシフトしたケースを考えてみよう。こちらも基本的には同じように均衡が移動する。ここでは新型コロナ禍が始まった頃のマスクの需要を考えてみよう。初期の頃はなかなかマスクが手に入らないという状況になった。これは新たな感染症に対してマスクを使う必要性が高まった

図3.11 供給曲線がシフトすると

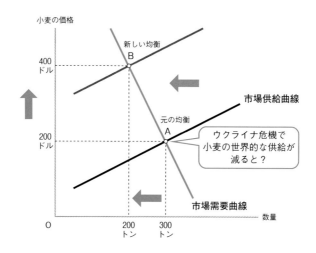

図3.12 需要曲線がシフトすると

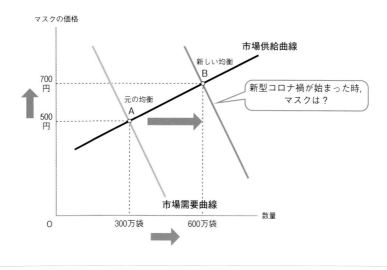

ため，需要が高まったのだった。

このシフトが図3.12の需要曲線のシフトになる。同じ価格ならばもっと多くのマスクが欲しいと人々が考えたため，需要曲線が右にシフトしたのだ

った。これによって，供給曲線と交差する均衡の場所が変わる。新しい均衡はAからBに移動している。これにより，マスク1袋の価格は500円から700円に上昇し，需要も300万袋から600万袋に増加している。

●スーパーマーケットの棚の前で考える曲線のシフト

こうした市場のメカニズムを理解していると，スーパーの値段の変化から経済全体で何が起きているかよりよく理解することができるようになる。レタスなどの野菜の値段は時期によってかなり違う。もし，店内の棚のレタスの値段が普段の倍していたら，皆さんはどのように考えるだろうか。可能性は次の2つだ。

① 天候不順により不作で供給が減少し，売り手は値段を上げざるを得なくなった（供給曲線の左へのシフト）

② レタスを使った料理の人気が出て，需要が増加して値段が高騰した（需要曲線の右へのシフト）

つまり，値段が上がるという変化のメカニズムには供給側の変化によるものと，需要側の変化によるものの2種類があるということだ。

3.7 所得効果

需要曲線は所得が上がってもシフトする。アルバイトの給与をもらった日や，ボーナスが出た日，給与が上がった日など自分へのご褒美も含めて普段買わないモノを買ったりすることもあるだろう。つまり，所得が増加することにより消費も拡大しているのだ。こうした所得が上がることにより消費が増えるものを正常財，あるいは上級財という。また，こうした効果を所得効果という。

逆に所得が増えることで買わなくなるものもあるだろう。たとえば中古のスマホなどが挙げられる。所得が上がると型落ちモデルから最新モデルへと消費が変わる。こうしたモノを劣等財，下級財と呼ぶ。こうした所得効果でも需要曲線はシフトする。

3.8 価格変化と代替効果

　所得が変わらなくても，モノの値段が変わることによって買うものが変わることがある。たとえば，ナッツの種類にはアーモンドやカシューナッツがある。今，アーモンドの値段だけが安くなったとしよう。そうすると，カシューナッツを買うよりも，アーモンドを買う方がトクになるのでその消費が増える。買うものが変わる（代替される）ので，これを代替効果と呼ぶ。

　また，こうしたアーモンドとカシューナッツのような関係のモノを代替財という。価格が変わったらお互いに代わりに消費されるからだ。これに対して，一緒に消費させるものもある。コーヒーとコーヒーミルク，パンとバターのような関係だ。これらはセットで消費されるものだ。コーヒーの価格が上がって需要が減ると，コーヒーミルクの需要も一緒に減ってしまう。こうした関係を補完財という。代替財か補完財かによって，価格が変わった時の需要の変化は違ってくる。

3.9 水とダイヤモンドのパラドックス

　さて，「価格は需要と供給で決まる」というのが市場だった。そして，その市場で決まるのが均衡価格だった。ではこの「価格」というのは何なのだろうか。価値そのものだろうか？ 価格と価値は似た言葉だが，どう違うかすぐには分からない。アダム・スミスはこの価格と価値を考えるのに，「水とダイヤモンド」の違いを手がかりとした。

●水はなくてはならないものなのに安く，そうではないダイヤは高い
　水は私たちが生きていくのになくてはならないものだ。しかし，水は普段の生活の中ではあまり高いものではない。一方，ダイヤモンドは特別な日には大切だが，普段の生活の中ではなくてはならないものではない。でも，値段は高い。そうすると，生きていくためにはなくてはならない水は安く，そうではないダイヤモンドが高いという不思議な状況が出現する。これはどう

図3.13　交換価値と使用価値

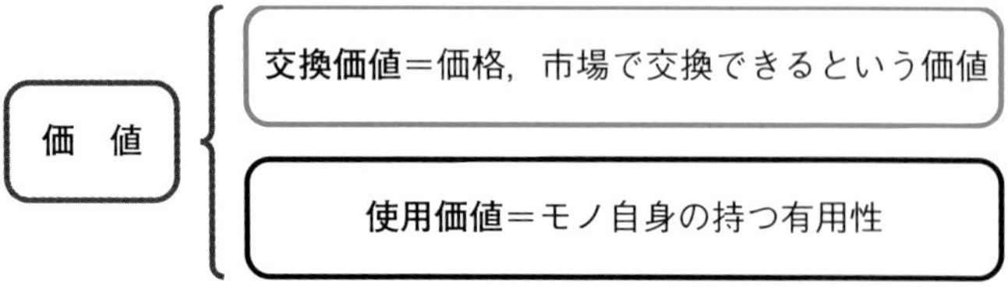

| 価　値 | 交換価値＝価格，市場で交換できるという価値 |
| | 使用価値＝モノ自身の持つ有用性 |

してだろうか。

●価格と価値はどう違うか

「価格」と「価値」は似た言葉だが，経済学ではこの2つを区別して考える。まず，「価値」には2つのタイプがあると考える。それは図3.13が示すように「交換」価値と「使用」価値である。

交換価値というのは，市場で交換できる価値だ。ダイヤモンドは普段の生活になくてはならないものではないが，必ず高く売れるものだ。市場で交換する際に高く取引されているからだ。

これに対して，使用価値は水のように「それ自身が持っている人に役立つ」というものだ。でも水を他の人と交換しようとすると，そんなに高くは売れない。つまり交換価値はダイヤモンドのようには高くないのだ。市場での価格というのは，この2つの価値のうちの，交換価値に他ならない。

アーティストは作曲した音楽あるいは自分の歌を売る。こうして歌った歌がYouTubeで多数再生されて，高い交換価値（価格）を持つようになるかもしれない。しかし，売れなくても自分のためには大切な（使用価値の高い）歌というものもあるはずだ。これは大切な人からもらったプレゼントもそうだと思う。自分たちにとって特別な意味のある大切な（使用価値の高い）モノだからだ。でも，その大切なモノは他の人にとって市場で買いたい（交換価値が高い）モノとは限らない。また，労働市場での価格は給与額だ。給与額が他人より低いと自分に価値がないように感じてしまう場合も多い。しかし，給与額はあくまで交換価値にすぎない。

図3.14　水の需要曲線と供給曲線

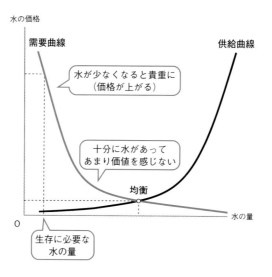

●水の需要曲線と供給曲線はどんな形？

　さて，水は普段の価格は高いものではない。しかし，砂漠など水が少ない場所ではどうだろうか。水がないと生命の危機に直結するので，もし手に入るのならば高い価格を払ってもいいと思うだろう。つまり，状況によっては交換価値が高くなるのだ。普段は高いお金を払って手に入れようと思わないのに，水がなくなると高いお金を払ってでも水を得たいと思うようになる。では，こうした場合の需要曲線はどんな形になるだろうか？

　ここまでは曲線といいながら，全て直線で表現してきた。しかし，直線ではこうした需要は表現できない。この場合の曲線はかなり曲がり方が強い極端な図3.14のようなものになる。つまり，水の量が多い時はあまり高い値段を払いたいと思わないので，非常に緩い勾配の線になる。しかし，水が少なくなるとなんとしても水を手に入れようとするので，急に価格が上昇する。そのため，今度はほとんど直線に近く急勾配で価格が上昇する。この線が曲がる性質には弾力性という，とても重要な意味があるが，これを次の章で見ていく。

　一方，水の供給はどうだろうか。価格が低い場合は，水の供給量を増やす

ことは比較的容易だ。水がふんだんにあるからだ。そのため，こちらも同じように非常に緩い勾配の線になる。一方，供給できる水は無限ではない。供給に使える水の量が減ってくると，供給を増やすためには急激に価格が上がり，需要曲線と同じようにほとんど直線に近い，急勾配の曲線になる。

こうした需要曲線と供給曲線の状況にあった場合，2つの曲線が交わる均衡価格は低いものになる。これが市場では水の価格がダイヤモンドよりも高くない理由だ。

3.10　ま と め

本章では市場における需要曲線と供給曲線について見てきた。ポイントをまとめておこう🖐。

- ・　価格は需要と供給で決まる。値段が下がると，沢山買えるようになる。この関係を需要曲線として図に書くと右下がりの線になる。
- ・　生産者は値段が上がるともっと作ろうとする。利益が上がるからだ。この関係は供給曲線として右上がりの線になる。
- ・　需要曲線，供給曲線とも市場での価格は変わらなくても影響を受けてシフトすることがある。たとえば，突然，ブームで人気が出たり（需要増），干ばつで不作になったり（供給減）である。
- ・　普段の生活の中で，命にとってかけがえのない水は安く，そうではないダイヤは高い。それは市場で需要と供給で価格が決まるからだ。この価格は「交換価値」と言われている。市場で交換できる価値を価格が表しているからだ。しかし，「交換価値」は「使用価値」と異なる。使用価値はモノそれ自身が持っている人に役立つ価値のことだ。

本章のキーワード

需要曲線	供給曲線
需要曲線・供給曲線のシフト	代替財
補完財	均衡
超過供給	超過需要
正常財	上級財
所得効果	劣等財
下級財	代替効果
交換価値	使用価値

◆ 練習問題

問 3.1　競争市場とはどんな市場か。最も適切な答えを選択肢から選びなさい。

① 業界を代表する企業が価格を設定し，販売を調整する市場

② 売り手である企業が 1-2 社しかいない市場

③ 市場価格に影響を及ぼすような単独の売り手や買い手が存在しない市場

④ 需要と供給が機能しない市場

問 3.2　小麦粉の価格が 2kg 1000 円であったが，1400 円になった。また，コーヒー豆 160g の値段が 1680 円から 1850 円に上昇した。この場合，どちらの財も消費者の買う量が減少した。この関係はどのように呼ばれているか。最も適切な答えを選択肢から選びなさい。

① 需要

② 供給

③ 代替材と補完材

問 3.3　次の項目から需要曲線が右にシフトするものを全て選びなさい。

□ 所得の減少

□ 人気の上昇

□ 人口減

□ 値段が上がるという期待

問 3.4　次の項目から供給曲線が左にシフトするものを全て選びなさい。

□ 技術革新で新しい技術が開発された

- ☐ 原材料費高騰
- ☐ 干ばつ
- ☐ 紛争

問 3.5　パンの需要が増加した場合，通常，補完材であるバターの価格はどうなるか。最も適切な答えを選択肢から選びなさい。
① 供給が減少しても価格は同じ
② 供給が一定ならば価格は同じ
③ 供給が減少すれば価格は安くなる
④ 供給が増加すれば価格は高くなる
⑤ 供給が一定ならば価格は高くなる
⑥ 該当なし

問 3.6　キャベツの需要曲線に影響を与えないのは次のどれか。最も適切な答えを選択肢から選びなさい。
① キャベツの人気
② レタスの価格の変化
③ キャベツの価格の変化
④ 消費者の所得
⑤ 消費者の人口

第4章

値段が上がっても買うもの，買うのをやめるもの──価格弾力性

　前章で水とダイヤモンドのパラドックスについて見た時，初めて直線ではなく曲線を扱った。そして，水の需要・供給曲線はかなり極端な曲がり方をしていた。モノによって様々な曲線がある。実はこの曲がり方には重要な意味がある。これを理解すると，課税という政策がどんな目的を達成することができるか分かるようになるのだ。

この章のポイント

・ たばこ税，炭酸飲料税など，世界にはいろいろな税がある。これは税収を上げることが目的なのだろうか，それとも健康状態を改善することが目的なのだろうか？

・ コメとダイヤモンドの価格が同じように高くなった。同じように買い続けるだろうか。それとも買うのをやめるだろうか。

・ 新型コロナ禍とロシアのウクライナ侵攻によって，様々なモノの値段が上がっている。値段を上げたら収入は増えるだろうか，それとも減るだろうか？　どのように考えたらいいだろうか。

4.1　酒税は誰のため？

　私たちは消費する際に税金を払っている。消費税はその代表的なものだ。それ以外に，お酒には酒税というお酒の消費に対する税がかかっている。コンビニなどでは，ビールと発泡酒，そして「第3のビール」と呼ばれるビール風飲料が売られているが，それぞれかなり値段が違う。それは，原材料の違い（コストの差）と，税率の違いという2つの要因からだ。ビールと発泡酒の違いは麦芽（モルト）の含有率の違いだ。ビールは50%以上，発泡酒は50%未満だ。この定義が大切なのは，ビールと発泡酒では税率が違うからだ。2022年12月現在，ビール（350ml）の税金は70円で，発泡酒は46.99円だ（今後，これらの酒税の差は段階的になくなり2026年10月には一本化される予定である。一本化されるとビールと発泡酒という分類の意味は今より少なくなるだろう）。原材料費と税率の差が価格の差となって現れている。

　しかし，そもそもこうした税を払わないといけないのはなぜだろうか？税にはどのような意図があって課されているのだろうか。アルコールは体に悪いからあまり飲みすぎないように税金をかけ値段を上げて私たちの需要を少なくしようとしているのだろうか。それとも，私たちは税金をかけてもおそらくアルコールを飲み続けるので，いわば税金が取りやすいから税金がかけられているのだろうか？

4.2　役に立つ需要の「価格弾力性」

　これを考えるには価格弾力性（単に弾力性とだけいう場合もある）が役に立つ。ここまで需要「曲線」，供給「曲線」と書いていたが，図では直線で曲線ではなかった。では曲線であることには何かの意味があるのだろうか。実は，どんな曲線の「傾き」をしているかが，税金の目的を知るためには重要なのだ。曲線が急なのか，それとも緩やかなのかだ。

●なぜ曲線の傾きが大切か

　なぜ曲線の傾きが大切なのだろうか。それは，値段が上がったり，下がったりした時に，どれだけ需要や供給が変わるかを表しているからだ。これを経済学では弾力性という。イメージとしては，缶を指で押すとする。スチール缶は硬く，軽く押しただけでは，形はそのままだ。同じように価格が変わっても需要が変わらない（びくともしない）ことを非弾力的であるという。

　これに対し，アルミ缶は押すと簡単にへこむ。形が変わりやすいのだ。これも価格の話にすると，価格が変わると簡単に需要が変わってしまうイメージだ。こういう状態を弾力的であるという。

ここがポイント！ 🖐

- ・　価格が変わって需要が大きく変わる場合，そのモノの需要は弾力的であるという。
- ・　逆に需要があまり変わらない場合は，非弾力的という。

　この弾力性は，需要の変化幅（％）を価格の変化幅（％）で割ることにより計算できる。

$$需要の価格弾力性＝-\frac{需要がどれだけ変化したか（変化率，％）}{価格がどれだけ変化したか（変化率，％）}$$

これにより，価格が変化した時に，どれだけ需要が変化するかが分かる。変化率の計算は「（ある時点の値－前時点の値）÷（前時点の値）」で計算できる。

　たとえば，チョコレート1枚の価格が100円から140円に値上がりした時，需要が週に5枚から4枚に減少するとしたら弾力性はどうなるだろうか。

　価格の上昇幅は（140－100)/100＝0.4なので40％だ。需要の減少幅は(4－5)/5＝－0.2から－20％になる。したがって，価格弾力性は－(－20/40)＝0.5となる。つまり，価格が上昇したら，その半分（0.5）だけ需要が減るということだ。

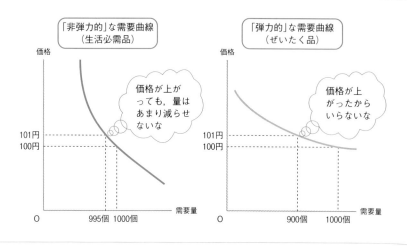

図4.1 弾力性の異なる２つの需要曲線

「非弾力的」な需要曲線
（生活必需品）

価格が上がっても，量はあまり減らせないな

「弾力的」な需要曲線
（ぜいたく品）

価格が上がったからいらないな

　ここで重要なのは計算式の最初のマイナスだ。これは，弾力性を絶対値で考えるためマイナスが付いている。価格が上がると（＋），需要は減少する（－）。そのため，割り算部分はマイナスになる。これを絶対値にするためにマイナスが付いているのだ。なぜ絶対値を知りたいのだろうか。これは価格が上がったり下がったりした時に，どれだけ変化するかを比較しやすくするためである。

　実際の需要曲線で見てみよう。図4.1の２つの図ではどちらも価格が100円から101円へと高くなっている。つまり価格の変化率は（101－100）/100で1％だ。需要はどう変化しているだろうか。左側の図では需要は1000個から995個へと減少した。だから下の計算から弾力性は0.5となる。

> 需要の変化率：（995－1000）/1000＝－0.005
> 価格の変化率：（101－100）/100＝0.01
> 弾力性：－（－0.005/0.01）＝0.5

　右側の図では需要量が1000個から900個へ減少している。だから弾力性は10となる。

> 需要の変化率：$(900-1000)/1000 = -0.1$
>
> 価格の変化率：$(101-100)/100 = 0.01$
>
> 弾力性：$-(-0.1/0.01) = 10$

　どちらがより弾力的と言えるだろうか。弾力的というのは価格の影響を受けやすいということなので，弾力性が高い方になる。この場合，右側の図が弾力性の値が高いので，より弾力的であると言える。ここでは曲線の傾きにも注目する必要がある。左右の図を比べると，右側の図は傾きがより平行に近くなっている。この平行になっている方がより弾力的である。右側の図が1％の価格の変化に対して，より多く需要が変化するので平行に近くなるのだ。つまり，傾きの度合いによって弾力性が違うということだ。

　　┌─────────────────┐
　　│ ここがポイント！ 🖐 │
　　└─────────────────┘

　コメやパンなど生活必需品は価格が高くなっても需要は減らない。しかし，価格が下がったからといって買う人が大きく増えるものでもない。だから需要曲線は急になる。一方，ダイヤモンドや高級腕時計といったぜいたく品は価格が安くなったら買う人が増えやすいし，高くなったらすぐに買わなくなるだろう。だから，需要曲線はなだらかになる。

　ちなみに，図4.1の2つの需要曲線はどこかで見た曲線に似ていないだろうか。それは，前章で見た水の需要曲線である。右図の方は普段の水に対する需要だ。普段の生活の中では，少し価格が上がると需要がグッと少なくなってしまう。一方，左図の方は，干ばつなどで水が少ない状況の中での水に対する需要曲線だ。価格が上がっても需要はさほど落ちない。つまり，水の極端に曲がる需要曲線には弾力性が大きく違う2つの局面があったということだ。「弾力性」という目で，前章図3.14の需要曲線をもう一度見ておいて欲しい。

　企業にとって値上げした場合にどれだけ需要が減るのかは大問題である。需要が激減してしまうと収入が減って困るからだ。この点はどのように分析

できるだろうか。収入は売れた数量とその販売価格を掛けたものになる。式に表すと次のようになる。

> 収入＝販売数量×価格

では価格が上昇すると収入にはどのように影響が出るだろうか。価格が1%上昇した場合，どれだけ販売数量が減少するかで影響が異なる。その関係は次のように整理できる。

→販売数量が1%減少

　　収入は変わらない（価格上昇分と販売減少分が打ち消し合う）

→販売数量が1%以上減少

　　収入は減少する（価格上昇以上に販売量が減る。人気がまだ出ていないアイドルのチケットの価格を上げた場合，需要は減ってしまう。こうしたケースを需要が比較的弾力的という。弾力性は1を超える）

→販売数量が1%未満の減少

　　収入は増加する（価格が上昇しても，販売量が減らない。人気がすでに出ているアイドルグループのチケットの価格が上がった場合，それでも需要は変わらない。これを比較的非弾力的という。弾力性は1より小さい）

2022年8月現在，小麦など様々な価格が世界的に上がった。そうした中で各社が考慮したのは，価格の上昇に対して消費者がどう反応するかだ。それが上で見たとおり収入に影響を与えるからだ。

ちなみに，ポテトチップスなど様々な袋に入ったお菓子があり価格はあまり変わっていないように思われがちだが，これまでは価格よりも内容量を減少させることにより実質的な値上げが行われてきた。

これは価格というものに対する消費者の反応が敏感な場合に，製菓メーカーが取る戦略の一つだ。しかし，今後は各社とも価格そのものを見直す方向のようだ。いずれの場合にも企業が考慮しているのは，消費者の需要の価格弾力性がどれくらいか，それが収入にどれほど大きな影響があるかだ。この関係をまとめたのが表4.1である。

表 4.1　需要の弾力性早見表

	弾力性	呼び方	1%の価格上昇が及ぼす影響		例
			需要量	収　入	
価格上昇の影響を受けやすい	無限大	完全に弾力的（水平な需要曲線）	大幅に減少してゼロに	収入もゼロ	競争が極めて激しい製品
	1より大	比較的弾力的	価格以上に（1%を超えて）減少	収入も減少	喫煙歴が浅い人にとってのたばこ
	1	弾力性が1	価格上昇分と同じだけ需要も1%減少	収入はゼロ	―
価格上昇の影響を受けにくい	0以上〜1未満	比較的非弾力的	価格ほどには減少しない（1%未満）	収入は増加（1%未満）	ガソリンなどどうしても必要で代替品のないモノ
	0	完全に非弾力的（垂直な供給曲線）	変わらない	収入1%増加	人気のあるコンサートのチケット

（出所）　ジョセフ・スティグリッツ，カール・ウォルシュ（2013）『入門経済学 第4版』藪下史郎ほか（訳），東洋経済新報社の表を元に著者が追記。

　　弾力性が1を超える時には「弾力的」であるという。アルミの缶を押し込んだら，大きくへこんだようなイメージだ。需要曲線の傾きは図4.1の右図のように緩やかになる。弾力的なモノというのは，要は絶対必要なモノではない。たとえば，ダイヤモンドなどがそうだと思う。価格が上がれば，無理をしても買おうとは思わないだろう。逆に安くなればトクだから買いたいと思う人も増えるだろう。また，趣味に関係するモノや嗜好品で，高いものに変わる代替品がある場合もそうだと思う。高級なワイン，日本酒などもそうだろう。高くなれば，もっと安い銘柄を飲むようになると思う。

　　これに対して，弾力性が1よりも小さい場合は「非弾力的」であるという。スチール缶を押すと，アルミと違い固いので，思ったほどへこまないようなイメージだ。そして，この時，需要曲線の傾きは急になる（図4.1の左図）。これはつまり，価格が変わったとしてもぜひ買いたいと思っているものだ。主には日常品が多いと思う。あるいは他に代替製品のないものもそうだろう。たとえば，塩だ。高くなったからといってコショウや砂糖を使うわけにはいかない。また，安くなったからといって使う量を増やすわけにもいかない。そんなことをしたら味が台無しになる，また，体にもよくないだろう。

　　なお，この価格弾力性には次の極端なケースがあることも頭に入れておい

た方がいいだろう。弾力性が無限大のケースと，弾力性がゼロのケースだ。弾力性が無限大というのは価格が少しでも上がったら需要がなくなってしまうものだ。つまり，競争が非常に激しい状態であると言えるだろう。実際に無限大の弾力性を持つものは少ないが，標準化が進んでいる半導体や CPU メモリなど，代替可能性が高く極めて競争が激しい製品はこれに近い状態だろう。これに対して，弾力性がゼロというのは価格が変わっても，全く需要が変わらないケースだ。BTS や乃木坂 46 などのコアなファンの人にとっては，価格はあまり関係なくチケットを購入するだろう。こうした場合はチケットを買いたいという需要には全く影響しないので弾力性はゼロという。

4.3　需要の価格弾力性が決まる大切な要素
——代替物と時間

　ここまで価格弾力性について見てみたが，価格弾力性が決まる大切な2つの要素を最後に見ておこう。一つは値段が上がった時に，変わりになるモノ（代替物）のあるなしだ。もう一つは時間の経過とともに，価格弾力性が変わるという点だ。

●代替物があるかないかで変わる価格弾力性

　需要曲線がカーブをしている場合，場所によってカーブの度合いが違う。そのため，弾力性も場所によって異なる。先に図3.14の水の需要曲線で，水が少ない時にはどうしても水が必要になるので，非弾力的（垂直に近く）になり，普段の状況では水でなくてもよいので（お茶やソフトドリンクなど），弾力的に（水平に近く）なるのだった。

　弾力性の決定要因の大きいものは代替物があるかどうかだ。かつてマリー・アントワネットは「パンがないのなら，ケーキを食べればいい」と言ったと言われている（本人ではなかったなど諸説あるようだ）。パンが高くて買えない場合にケーキが安ければ代替物になったかもしれない。しかし，ケーキはパンの代わりには価格面でも，主食にはならないという意味でも，代替

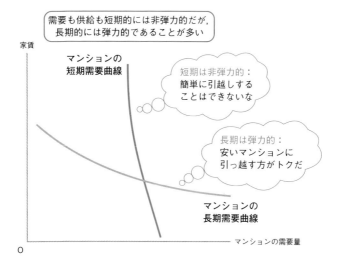

図4.2 需要は短期的には非弾力的だが，長期的には弾力的になる

需要も供給も短期的には非弾力的だが，
長期的には弾力的であることが多い

家賃

マンションの
短期需要曲線

短期は非弾力的：
簡単に引越しする
ことはできないな

長期は弾力的：
安いマンションに
引っ越す方がトクだ

マンションの
長期需要曲線

0　　　　　　　　　　　　　　　　　　　　　　　マンションの需要量

物ではなかった。つまりパンは代替物がなかったので非弾力的だったのだ。

　これに対して代替物がある場合には弾力的になる。たとえば，シャープペンシルは価格が高くなれば鉛筆を使えばいいだろう。そうするとシャープペンシルの需要は価格が上がるとすぐに減少する。つまり，弾力的になるのだ。

●時間とともに変わる価格弾力性

　さて，もう一つの要素は時間だ。自分の借りているマンションの近くに気に入ったマンションがあったとする。ただ，残念なことに家賃が高く住むことは難しそうだ。しかし，今，ここの家賃が下がったとしたらどうだろうか。家賃というのは賃貸マンションの価格に他ならない。

　短期的にはすぐに新しいマンションに移るわけにはいかないだろう。今のマンションの契約を解除するのに日数が必要だ。また，引越しの準備も簡単ではない。したがって，短期的には家賃が下がったからといってすぐに引越しすることはできない。図4.2の傾きの急な「短期需要曲線」になる。しかし，家賃が下がったままなら，長期的には契約の解除もでき，また引越しの準備などもできるだろう。そのため，長期的には新しい家賃に対応しマンシ

ョンに引越しできるので需要が弾力的になる。図 4.2 の「長期需要曲線」のように、緩やかな傾きの弾力的な需要曲線になる。

　ちなみに、1970 年代に 2 度のオイルショックが発生した。世界的に石油価格が高騰したのだ。この価格高騰がある程度、長く続いた。短期であれば車の買い替えを考えない（つまり非弾力的な）消費者も多かったと思う。しかし、石油価格の高騰が長期になったため、車社会のアメリカにとっては燃料費が家計上の大問題となった。

　その際に燃費の良さで高い評価を得たのが日本車だった。現在の日本にとってはトヨタ、ホンダをはじめとして車は重要な輸出品だ。しかし、1970 年当初、日本メーカーはまだ海外輸出については模索中だった。まだ競争力が今ほどにはなかったのだ。しかし、このオイルショックによって日本車の評価は高まり、今にいたる国際的なブランドに成長していったのだ。日本車自身の品質が高かったこともさることながら、オイルショックによって燃費の良い車が求められたというのは、日本車の輸出の成功にとって非常に大きなファクターであった。

4.4　供給の「価格弾力性」とは？

　ここまで需要の価格弾力性について説明した。供給の価格弾力性も考え方は同じだ。値段が上がったり、下がったりした時に、どれだけ供給が変わるかというもので、次の式で表される。

$$供給の価格弾力性 = \frac{供給がどれだけ変化したか（変化率、\%）}{価格がどれだけ変化したか（変化率、\%）}$$

　需要の価格弾力性の式とほぼ同じだ。たとえば、チョコレート 1 枚の価格が 100 円から 140 円に値上がりした時、需要は減少したが、供給は増加する。この供給が 1000 枚から 1400 枚に増加したとしよう。価格の上昇幅は先ほどの需要の例と同じなので 40% だ（40/100＝0.4）。供給の増加幅は 1400－1000＝400 だ。これを変化率にすると 40% となる（400/1000＝

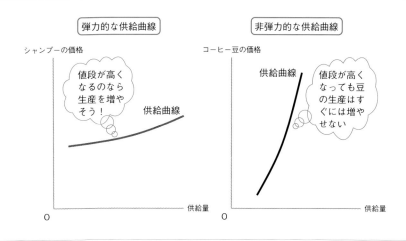

図4.3　弾力性の異なる２種類の供給曲線

弾力的な供給曲線　　　　　　　　非弾力的な供給曲線

シャンプーの価格　　　　　　　　コーヒー豆の価格

値段が高くなるのなら生産を増やそう！

供給曲線

値段が高くなっても豆の生産はすぐには増やせない

供給曲線

O　　　　　　　供給量　　　　　O　　　　　　　供給量

0.4)。この時，価格弾力性は１となる（0.4/0.4＝1）。つまり，価格の上昇分だけ供給も増加したということだ。なお，価格が上がると供給も増加するので，需要の弾力性の式と異なり，計算式の最初にはマイナスが付いていない。マイナスにしなくても絶対値になるからだ。

　価格に対して供給が弾力的なモノ（弾力性が１以上）というのは，工業製品のように価格が変化したらすぐに供給できるものだ。この場合，図4.3の左側の図のように傾きが緩やかな曲線になる（シャンプーの例）。これに対して，農産物は生産までに時間がかかるので非弾力的（弾力性が１以下）になってしまう。価格が変わったからと種を植えても収穫できるまでには時間がかかってしまい，すぐに供給を増やすことができないからだ。この場合，図4.3の右側の図のように傾きが急な曲線になる（コーヒーの例）。

　需要の価格弾力性と同じように，供給の価格弾力性も表4.2のようにまとめることができる。この表の最上段と最下段は弾力性がゼロと無限大という極端なケースだ。弾力性がゼロとは，価格が上がっても供給が全く増えないという意味だ。これはたとえば，ゴッホやピカソなど亡くなった有名な画家の絵が考えられる。ゴッホの絵は生前にはほとんど売れなかったが，死後，価格が上昇しても現在となってはゴッホの絵が新たに生み出されることはな

表4.2　供給の弾力性早見表

	弾力性	呼び方	1％の価格上昇が 供給量に及ぼす影響	例
価格上昇に応じて増産しやすい	無限大	完全に弾力的 （水平な供給曲線）	無限に増加	音楽の コンテンツ配信
	1より大	比較的弾力的	価格以上に （1％を超えて）増加	シャンプーなど 工業製品
	1	弾力性が1	価格上昇と 同じだけ（1％）増加	―
供給は同じよう には増えない	0以上〜 1未満	比較的非弾力的	価格ほどには 増加しない（1％未満）	労働や農産物
	0	完全に非弾力的 （垂直な供給曲線）	影響なし	亡くなった画家の絵

（出所）　ジョセフ・スティグリッツ，カール・ウォルシュ（2013）『入門経済学 第4版』藪下史郎ほか（訳），
　　　　東洋経済新報社の表を元に著者が追記。

い。これはつまり，供給の価格弾力性はゼロということになる。一方，反対に無限大というのは供給量がいくらでも増やせるというものだ。当てはまるものは，音楽のコンテンツだ。製作にはお金はかかるが，いったんコンテンツができてしまえば，そのデータはコストをかけずに配信することができる。つまり，供給量は無限大に増やせるということになる。

4.5　供給の価格弾力性の2つのポイント

　需要曲線の価格弾力性には2つの要素があった（代替物の存在と時間）。供給の価格弾力性にも同じように大切な2つのポイントがある。1つは供給曲線の位置によって弾力性が異なるという点だ。

●曲線上の位置によって変わる弾力性

　供給曲線上の位置によって傾きが異なる。これは，それぞれの場所で弾力性が異なることを意味する。

　具体的に図4.4で見てみよう。これはマスクの供給曲線である。マスクの価格がそれほど高くないA点では，供給曲線の傾きは緩やかだ。これはマスク

図4.4　供給曲線上で異なる弾力性

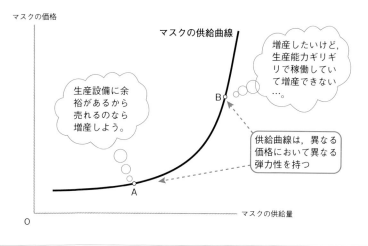

の生産のための設備に余裕があるからだ。増やそうと思えば増やせるわけだ。

　しかし，新たな感染症が発生して急に多くの人がマスクを求めるようになると話が変わる。生産設備に限度があるからだ。最初は順調に生産を増やすことができるが，生産量が増えてフル稼働になってくると価格が上がってももう供給量を増やすことができなくなってくる。そのようなフル稼働の領域に近いB点になると非弾力的になって，傾きが急になる。つまり同じ供給曲線上でも場所によって弾力性が異なるようになるのだ。

●長期か短期か

　需要の弾力性と同じく，供給の弾力性も時間とともに変化する。今日，急にマスクの生産量を2倍にしてくれと言われても設備が対応できない。したがって，図4.5の傾きの急な「短期供給曲線」のようになる。

　しかし，マスクの需要がずっと続くと，徐々に生産設備が準備されて供給能力が上がってくる。そうすると，上で見たようにフル稼働しているため価格が上がっても供給を増やせなかったのが長期では対応できるようになるのだ。この段階では，「長期供給曲線」のように，緩やかな供給曲線になる。

　つまり，短期的には供給は非弾力的だが，長期的には弾力的になる。供給

図4.5　供給は短期的には非弾力的だが，長期的には弾力的になる

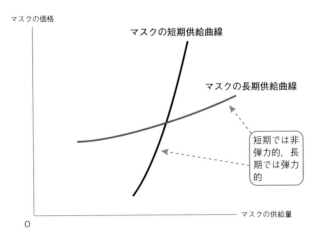

の弾力性は短期か長期かによっても変わる。これは工業製品だけではない。農産物などもそうだ。コーヒーは植えてから実が収穫できるようになるまで4-5年かかる。それまではコーヒーの実が穫れないので非弾力的だが，4-5年たつと収穫できるようになるので弾力的になるのである（コラムも参照）。

コラム　長期と短期のコーヒー豆の供給

　コーヒーはこれまで何度も「コーヒー危機」と言われる低価格に陥ったことがある。コーヒーは木を植えてから収穫できるようになるまで4-5年かかるので短期的には非弾力的だ。ところが，コーヒーは10年ぐらいの周期で霜の被害などで不作により値段が高騰することがある（図4.6）。不作で供給が少ないのに，すぐ（短期的）には生産量を増やせないからだ。

　ところが，コーヒー農家はこの高価格に引き寄せられて，一斉にコーヒーの木を植える。つまり，4-5年後，一気に供給量が増えるのだ。このように長期では，コーヒー豆の供給が弾力的になり，供給が増えるのだが，むしろ増えすぎて今度は価格が安くなりすぎてしまうのだ。これにより，多くの農民の収入が減り，生活が危機になる。コーヒー豆生産においては，このようなサイクルが繰り返されている。

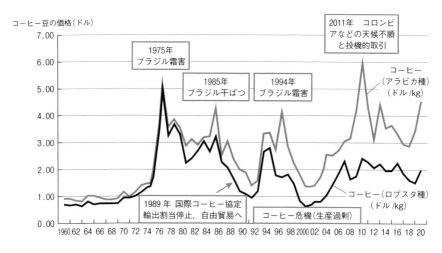

図4.6　大きく変動するコーヒー豆の価格

コーヒー豆の価格（ドル）

1975年
ブラジル霜害

1985年
ブラジル干ばつ

1994年
ブラジル霜害

2011年　コロンビアなどの天候不順と投機的取引

コーヒー
（アラビカ種）
（ドル/kg）

1989 年　国際コーヒー協定
輸出割当停止，自由貿易へ

コーヒー危機（生産過剰）

コーヒー（ロブスタ種）
（ドル/kg）

（出所）　World Bank Commodity Price Data をもとに著者作成。

4.6　弾力性で市場の均衡はどう変わる？

　これまでの章で価格は需要と供給の関係で決まることを述べてきた。そして，天候や紛争などによって小麦などの出荷量が増減などすると，需要曲線や供給曲線がシフトするということを見てきた。この節では価格弾力性に特徴があるモノの需要曲線や供給曲線がシフトした場合，価格と量のどちらにどう影響するか見てみたい。

　表 4.3 にここまでの議論をまとめてみた。この表のように，需要，供給に，「とても弾力的」と「あまり弾力的でない（比較的非弾力的）」の 2 つのパターンがある。このことから 4 つの組み合わせがあることが分かる。

- ・　需要がとても弾力的
- ・　需要があまり弾力的でない（比較的非弾力的）
- ・　供給がとても弾力的

表4.3 弾力性まとめ

表4.3 弾力性まとめ

	需　要	供　給
とても弾力的	ぜいたく品，嗜好品 代替品や競争財の多いモノ	工業製品など 長期で供給が増えるモノ
あまり弾力的でない （比較的非弾力的）	生活の必需品 替えがきかないモノ	農産物など長く貯蔵のできないモノ 短期の供給

図4.7 需要がとても弾力的なモノ（洗剤など）の供給が増えると

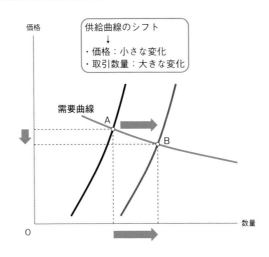

・　供給があまり弾力的でない（比較的非弾力的）

　ではそれぞれの組み合わせで，もし，需要曲線のシフトなどが起こったら価格などにどのような影響があるのだろうか。以下の４つの図は上の組み合わせに対応するものだ。

　まずは需要がとても弾力的なモノのケースだ（図4.7）。指輪などのぜいたく品や，競争が激しく代替品の多い製品だ（たとえば洗濯用の洗剤など）。たとえば洗剤の生産能力が上がって供給曲線が図のように右にシフトしたとしよう。そうすると需要と供給の曲線が交わって決まる市場の均衡している点がＡからＢへと右下に移動することが分かる。この時，洗剤の売買される取引数量は大幅に増えるが，価格はそれほど下がらないことが分かる。需要が

図4.8 需要があまり弾力的でないモノ（コメなど）の供給が増えると

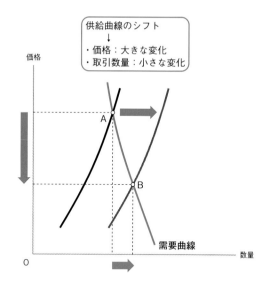

供給曲線のシフト
↓
・価格：大きな変化
・取引数量：小さな変化

価格

A

B

需要曲線

数量

0

とても弾力的なので，少しだけ価格が下がっただけでも大幅に売れるからだ。

　次は需要があまり弾力的ではないモノのケースだ（図4.8）。コメなどの生活必需品や，コーヒーが大好きで紅茶などでは替えがきかない人の場合の需要曲線でもある。コメやコーヒーが天候の関係で豊作になり，供給曲線が図のように右にシフトするとどうなるだろう。市場の均衡はA点からB点に移動する。この場合，価格は大幅に下がるが，取引数量はあまり変わらない。必需品なので，価格が上がっても下がっても取引数量はあまり変わらないのだ。

　次は供給の組み合わせだ（図4.9）。まずは，弾力的な場合から見てみよう。たとえば工業製品など，価格の変化に合わせて生産量を調整しやすいモノの供給曲線は図4.9のようになる。今，その製品がSNSでバズって急に人気が出たとしよう。需要曲線は右にシフトする。すると均衡はA点からB点に動く。増産しやすいモノなので，生産量は急増している。一方，価格はそれほどではない。供給曲線が弾力的で，傾きが緩やかだからだ。

　最後は供給があまり弾力的ではない（比較的非弾力的な）モノのケースだ（図4.10）。これは新型コロナ禍の初期のころのマスクの供給に近いと言え

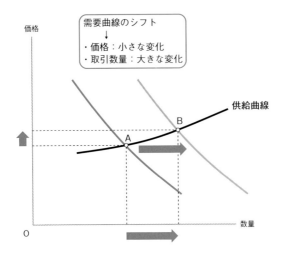

図4.9　供給がとても弾力的な工業製品（トースターなど）の需要が増えたら

需要曲線のシフト
↓
・価格：小さな変化
・取引数量：大きな変化

供給曲線

価格

数量

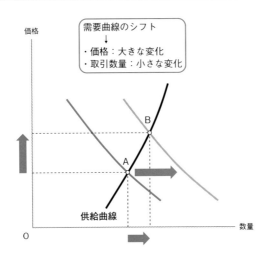

図4.10　供給があまり弾力的でないモノ
　　　　（新型コロナ禍初期のころのマスクなど）の需要が増えたら

需要曲線のシフト
↓
・価格：大きな変化
・取引数量：小さな変化

供給曲線

価格

数量

るだろう。そのような時期に，急遽感染対策として大量のマスクが必要になり需要曲線が右側にシフトした。このケースでは価格は上昇するが，生産量は思ったように伸びない。

●短期と長期

　最後の，供給が比較的非弾力的なケースではマスクを例として取り上げた。
ただ，我々が経験したとおり短期的にはマスクはなかなか手に入らなかった
が，その後，手に入るようになった。つまり，生産体制が整うにつれて弾力
的な供給曲線に変わったのだ。このことを価格と取引量との関係でまとめる
と次のように言える。

　短期的には価格が急激に上昇する（弾力性がないから）。しかし，その後，
長期的には取引量が増加するようになる（生産能力が増強され，供給が増え
弾力性が出てくるから）。こうした短期・長期の変化も市場の動きを視るには
頭に入れておかなければならない。

4.7　課税の効果は何が分かる？

　この章の最初の問いは誰のための税金か，だった。犬税（ドイツ）や渋滞
税（イギリス）など世界には様々な税がある。ここまで弾力性を見てきたが
課税によって期待できる効果を分析する舞台は整った。どういうことだろう
か。たった今，需要曲線あるいは供給曲線のシフトを扱ったが，課税という
のは，まさにこれらのシフトのことだからだ。

　税金がかかるということは価格が上昇するということに他ならない。たば
こ税，酒税とも商品に税金がかけられている。ここでの問題はこの税が何の
ためかという問いだった。たばこ，酒に課税して，国民の健康増進をはかり，
関連するトラブル（火事や交通事故）を減らすためだろうか。それとも，税
収が上がりやすいのを期待してのことだろうか。

　これは次のようなことだ。税金により価格が上がった時に，消費が減るの
であれば（つまり弾力性が高いのであれば），課税の目的は飲酒量や喫煙量を
抑えて，それらからの害を減少させることが目的といっていいだろう。

　一方，たばこや酒は習慣性がある。課税によって価格が上がっても，喫煙
や飲酒はなかなかやめられないかもしれない（つまり，需要の価格弾力性が
低く非弾力的ということだ）。需要の価格弾力性が非弾力的な時に価格を上

げれば，需要の減りが少ないので収入が上がる（表 4.1 参照）。同じことは税金でも言える。課税をしても消費が減らないのであれば税収を得るにはいいだろう。逆にこの場合，消費量が減らないことを念頭におくので，健康増進は課税の目的にはなっていない。

> ここがポイント！👇
> ・　需要の価格弾力性が高い場合：
>   たばこ税などの目的→消費量を抑えて国民の健康増進
> ・　需要の価格弾力性が低く非弾力的な場合：
>   たばこ税などの目的→消費量はあまり変わらないので税収の増加

4.8　ま　と　め

　ここまで価格弾力性を見てきたが，税金の市場への効果はこれで終わりではない。税金というのは完全競争市場に政府が介入してくるということだ。それによって消費者の利益にどんな影響が起こっているか，税金の額を負担しているのは消費者だけなのか，それとも企業も負担しているのかなどをさらに分析する必要がある。この点については第 9 章で扱う。その前に消費者と企業がどのように動くのか，次章以降でもう少し詳しく見ていく。この章のポイントをまとめておこう👇。

・　モノによって，価格の変化に対しての売れ行きの反応が違う。生活必需品の場合は，価格が上がっても下がっても需要量はあまり変わらない。パンの値段が下がったからといっても急にたくさん食べられるわけではない。あるいは上がっても急に食べる量を減らせるわけでもない。つまり非弾力的である。
・　ぜいたく品の場合は別だ。価格の変化に対して需要が大きく変わる。

価格が上がると需要量が急に減る。逆に価格が下がると，需要量が急に多くなる。これは弾力的だということだ。

・　弾力性は代替物があるかないかで変わってくる。また，短期的に非弾力的だったものも，長期的には弾力的になってくるなど変化することがあり得る。

・　需要が非弾力的なモノに税金をかけると税収は増える。しかし，弾力的な場合には税収は期待できず，むしろ消費を抑制する効果がある。健康増進など別な政策目的として税を使うためにはよい。

本章のキーワード

価格弾力性　　　　　　　　　　非弾力的

弾力的　　　　　　　　　　　　代替物

短期・長期

◆　練習問題

問 4.1　以下の事例の需要の価格弾力性を求めなさい。

① 大雨の影響で日照り不足になり，きゅうりの収穫が減った。これまで 38 円だったきゅうりが 78 円になった。これにより，販売量が 600 本から 580 本に減った。価格弾力性の値を求め，弾力的か非弾力的か答えなさい。

② コーヒー豆の販売価格が 160g で 1650 円から 1850 円に上昇した。これにより，販売量が 200 本から 100 本に減少した。価格弾力性の値を求め，弾力的か非弾力的か答えなさい。

③ 金の価格が 1 グラム 8500 円から 8000 円に安くなった。これにより，取引量が 2000 トンから 2500 トンに増えた。価格弾力性の値を求め，弾力的か非弾力的か答えなさい。

問 4.2　以下の事例の供給の価格弾力性を求めなさい。

① シャンプーの値段が 800 円から 1000 円に上昇した。これに伴い，供給量が 400 個から 800 個に増加した。

② キャベツの値段が 100 円から 120 円に上昇した。これに伴い，供給量が 1000 個から 1020 個に増加した。

問 4.3
(1) 需要の弾力的な財と非弾力的な財の特徴を述べなさい。
(2) 供給の弾力的な財と非弾力的な財の特徴を述べなさい。

満足できる買い物とは
──消費者の理論

　ここまで需要と供給で価格が決まること，そして弾力性について見てきたが，第1部のテーマは「市場がうまく動く時，経済はどう動くか」であった。そこでこれまでの理解をふまえて，消費者および企業がどう市場で行動するのか詳しく見ておく必要がある。本章では消費者について，そして次の2章で企業の行動について解説する。

　この章のポイント

- 消費者はどのように買い物をしているのだろうか。買うモノの選択にあたってはお金（予算）の制約を考える必要があるが，どのように考えて選んでいるのだろうか？
- 2つのモノの間で迷う時，どちらかという選択肢以外に，チョコレートをいくつ，アイスをいくつ，というような組み合わせも考えられる。どんな組み合わせがあるだろうか？
- 好きなものならいくらでも飲んだり食べたりできるわけではない。満足感が薄れるにつれて，それに対して支払ってもよい金額はどのように変化していくだろうか？
- 市場での買い物は本当にトクだろうか？　どうしてそう言えるのだろうか？

まずは消費者がどのような制約の中で消費の選択をすることを迫られているのか，から考えていこう。

5.1　予算制約

買いたいもの，食べたいものなどはいっぱいあるが，残念ながら私たちの持っているお金には限りがある（予算制約）。お金だけではなく時間もそうだ。24時間という時間の制限の中で，それをどのように使うかを考えながら日々を生きている。仕事に何時間，遊びに何時間，睡眠に何時間などである（時間制約）。

この2つの制約のうち，ここでは図5.1で予算制約を考えてみよう。まず話を単純にするためにコーヒーとチョコレートの2つしかない世界だとしよう。仮に私の予算が500円で，コーヒーもチョコレートも単価100円としよう。

この時，予算を全てコーヒーの購入につぎ込めばコーヒーを5杯購入することができる（A点，チョコレートは0個）。また，逆に全ての予算をチョコレートの購入に使えば5個のチョコを買うことができる（B点，コーヒーは0杯）。さらに，コーヒーを3杯，チョコレートを2個（C点）購入することも予算内で可能である。こうした，500円の予算で購入することのできる組み合わせを示したのが太線部分である。この線上は予算を全て使った場合に実現する組み合わせを示しており，予算制約線と呼ばれる。

さらにこの図の水色の部分の組み合わせ，例えばD点（コーヒー2杯，チョコレート1個）なども予算内で購入可能な組み合わせである。これに対して，E点などはコーヒーだけで6杯なのですでに予算を超えてしまっており購入できない，実現できない組み合わせである。

この予算制約線は予算額が上がったらどうなるだろうか。たとえば予算が500円から600円になれば購入できるコーヒーとチョコレートの量は当然増える。コーヒーは6杯，チョコレートは6個まで購入できるようになり図5.2のようになる。この図の中では予算が増えれば増えるほど，予算制約線

図5.1　予算制約と消費者の選択

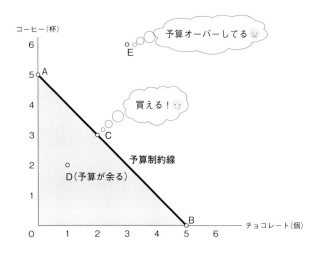

図5.2　予算が上がり予算制約線が外側へシフト

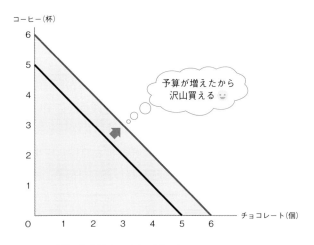

は右上にシフトしていく。そして，右上にいくほど購入できるコーヒーやチョコレートの数が増えるのでより望ましい状況になる。

図5.3　無差別曲線：同じ満足を得ることのできる財の組み合わせ

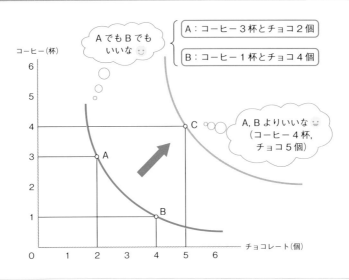

5.2　無差別曲線

　では予算制約がある中でどのようにモノを買うのがいいのだろうか。次に予算はともかく，私たちが好きなコーヒーとチョコレートの組み合わせを考えていこう。コーヒーとチョコレートをいくつ買うかについては，色々な組み合わせがあるだろう。たとえば，図5.3のようにコーヒー3杯とチョコレート2個（A点），あるいはコーヒー1杯とチョコレート4個（B点）などである。この2つの組み合わせから私が同じ満足を得ることができる時（つまり，どちらの組み合わせも好きだというケース），これを無差別という。どちらも同じように好きで差がないからである。

　ちなみに，購入し消費することで得られる満足を経済学では効用，好きな様々な組み合わせを選好と呼んでいる。AおよびC点以外にもこうした無差別な組み合わせはあり，そうした点をつなげたものが無差別曲線である。

　さらに，好きなものは多いほど嬉しいものだ（効用が上がる）。ということは，無差別曲線も原点から右上に離れれば離れるほど望ましいものだ。たとえばC点はコーヒー4杯，チョコ5個という組み合わせなので，Aお

図5.4 最適な選択

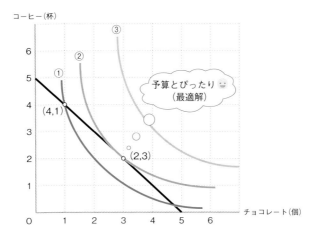

よび B 点の組み合わせより多くコーヒーもチョコレートも消費できるので
より高い効用を得ることができる。ここから図の中で右上にいけばいくほど
望ましいということが分かる。

●では最も望ましい財の組み合わせは？

　ここまで無差別曲線と予算制約線を見てきた。では一番いい組み合わせは
どこになるだろうか？　次の図 5.4 は予算制約線と無差別曲線を同じ図の上
でまとめてみた。この図では 3 本の無差別曲線が描かれている。

　どこが最もいいだろうか。右上にいくほど望ましいが，③は実現不可能だ。
予算制約線を大きくはみ出しているからだ。予算制約線上を通るのは①と②
である。①は（4，1：すなわちコーヒー 4 杯とチョコレート 1 個）で交わ
っており，②は（2，3：コーヒー 2 杯とチョコレート 3 個）で接している。
この 2 つの点はどちらも予算内で選ぶことのできる組み合わせである。

　では，どちらの方が望ましいだろうか。図 5.3 で見たように右上にいけば
いくほどより多くの消費をすることができて望ましい。図 5.4 の場合は②の
方が右上にある。つまり②の方が①より望ましい無差別曲線である，しかも
予算を全て無駄にすることなく使っている。このため①で交わる（4，1）と

いう組み合わせよりも，②が接する（2，3）の組み合わせの方がより望ましい（最適解という）。

この②の無差別曲線の場合，最適解で接しているが，もちろん無差別曲線は人によって異なるだろう。人によって無差別曲線は色々とあり得るので，たとえば（3，2：コーヒー3杯，チョコレート2個）で接する無差別曲線を持つ人にとっては，それが最適解となる。

実際，コンビニに行って何を買おうかと目移りすることがある。それは，無意識にここで書いているような組み合わせを頭の中で考え，そして自分の予算制約の中で右上にいく組み合わせが何かを考えているのだ。

ここがポイント！

無差別曲線が予算制約線と1つの点で接する点の消費の組み合わせが最も望ましい（最適解）。

5.3　支払い意思額

前節で見たように消費者は予算制約の中で自分の効用を最大化しつつ消費を選択していく。さて，第3章で見た需要曲線の意味を消費者の支払い意思という角度から考えてみる。支払い意思額は消費者がモノにいくら支払ってもいいかと考えているかというものだ。

図5.5の左側にはある消費者がコーヒーに対して支払ってもいいと考えている金額が記されている。1杯目は300円，2杯目までの総額は585円，3杯目までは総額860円である。この図では角ばっているが，コーヒーの単位を0.5杯や0.1杯などの細かい単位も入れて線を引くと滑らかな曲線になっていく。コーヒーから得られる効用に対する支払い意思であるので効用関数とも呼ばれる。これはコーヒーを飲む杯数の支払い意思総額となっている。

左側の総額の支払い意思に対し，右側の図では1杯目，2杯目，3杯目にそれぞれいくら払ってもいいかが記されている。これを総額に対し限界支払

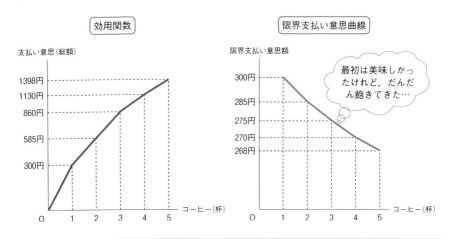

図5.5　支払い意思（総額）と限界支払い意思

効用関数

支払い意思（総額）

1398円
1130円
860円
585円
300円

O　1　2　3　4　5　コーヒー（杯）

限界支払い意思曲線

限界支払い意思額

300円
285円
275円
270円
268円

最初は美味しかったけれど，だんだん飽きてきた…

O　1　2　3　4　5　コーヒー（杯）

い意思額と呼ばれる。『限界』といっても，「もうアカン」という意味ではない。

　限界という言葉は難しいが，経済学を理解する上でとても大切な考え方だ。総額と異なり限界とは，1杯目，2杯目のそれぞれ次のコーヒーに対して支払ってもいいと考えるコーヒーの価格である。ここで注意が必要なのは1杯目，2杯目，3杯目と量が増えるにつれて，支払ってもいい金額が下がっていることだ。このため，支払い意思額は右下がりの曲線になっている。この総額と限界支払い意思額の関係は図では分かりにくいので，表5.1にまとめてある。

　表5.1を見ると支払い意思の総額の伸びと，限界支払い意思額が記されている。総額と異なり，限界支払い意思額は次の1杯に対する金額なので，2杯目まで払っていいと思う総額から，1杯目に支払ってよいと思う金額を引いたものである（585円−300円＝285円）。

　これで見ると，支払い意思の総額は量が増えるにつれて伸びがなくなっているのが分かる。特に限界支払い意思額の欄を見ると，1杯目は300円支払ってもいいと思っていたが，2杯目は285円，3杯目は275円と少なくなっている。これはなぜだろうか。好きなものでも沢山は飲んだり食べたりでき

表5.1　支払い意思（総額）と限界支払い意思額

コーヒー（杯）	支払い意思（総額）	限界支払い意思額
0	0	
		＞300円
1	300円	
		＞285円
2	585円	
		＞275円
3	860円	
		＞270円
4	1130円	
		＞268円
5	1398円	

ないだろう。最初の1杯目より，2杯目，3杯目の方が飽きてきたり，お腹がいっぱいになってきたりする。そうすると，次の一杯のコーヒーに対する支払い意思額はだんだん下がってくるからだ。

●消費の楽しみは少しずつ減ってくる（限界効用逓減の法則）

表5.1でコーヒーの限界支払い意思額が徐々に少なくなってくることを見た。これはコーヒーだけでなく，消費一般に言えることだ。満足感は最初，新鮮で大きく感じられても，だんだん減っていく。コーヒーでなくても，たとえばナッツが好きで最初はおいしくても，だんだん飽きてくる。こうして，食べる楽しみは少しずつ減ってくる。つまり，追加的な消費から得られる満足度（効用）が減少していくのである。こうした現象を経済学では限界効用逓減の法則という。逓減という言葉は「だんだんと減ること」という意味で，経済学では頻繁に使われる用語で，次章でも出てくるので覚えておこう。

> ここがポイント！ 🖐
>
> 　最初はおいしかったコーヒーも杯を重ねると，だんだんと得られる満足度（効用）は減少してくる。これを限界効用逓減の法則という。

5.4　消費者余剰

さて，図 5.5 の限界支払い意思曲線はここまで見てきた曲線に似ていない
だろうか。実はこれは需要曲線に他ならない。需要曲線というのはまさに次
の 1 杯のコーヒーに対して支払ってもよい金額を表しているのである。この
点はとても大切なポイントなどで押さえておこう。

> **ここがポイント！**
>
> 　限界支払い意思曲線とは需要曲線である。

　つまり，需要と供給で価格が決まるということは，限界支払い意思額と供
給曲線で価格が決まるということでもある。
　今，市場の均衡価格が 268 円だとすると消費者にとって有利だろうか。も
う一度，図 5.5 を見てみよう。ここから分かることは，コーヒーがなかなか
手に入らない状況で 1 杯しかないなら 300 円支払うつもりだったということ
だ。それなのに，コーヒーが 1 杯 268 円で買えるのなら 32 円安く手に入
れることができたことになる。これは消費者にとってトクになった部分であ
る。このような消費者の利益は消費者余剰と呼ばれている。
　この消費者余剰を図で表すと次の図 5.6 のようになる。今，価格は 268 円
なのでそれより下の灰色の部分は実際に消費者が支払った額になる。5 杯目
は支払い意思額と価格が一致して，ちょうどつりあっている状態である。つ
まり消費者余剰とは次のように書ける。

> 消費者余剰＝限界支払い意思額（需要価格）
> 　　　　　－実際に支払った額（均衡価格）

　図 5.6 をより一般的な図に描き直したのが，図 5.7 である。消費者余剰は
需要曲線の下部分から，実際に支払った金額の部分の面積（価格×数量）を
差し引いた水色の部分の面積で表されることが分かる。この部分が市場で価
格が決まった際に消費者がトクをした部分だ。

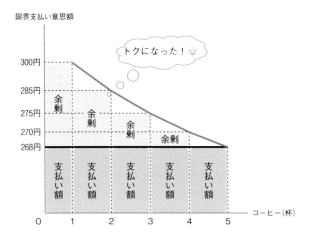

図5.6　需要曲線と消費者余剰

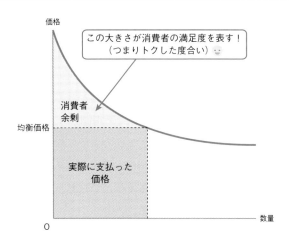

図5.7　需要曲線の下は消費者余剰と実際に支払った金額

5.5　適切な消費量とは——限界費用と限界効用

　それでは消費者にとって最もよい消費量とはどうして決めればいいのだろうか。より多く消費できた方がよくても限度がある。どうしても飽きるし，コーヒーを飲み続けることはできない。また，予算の問題もある。多く消費

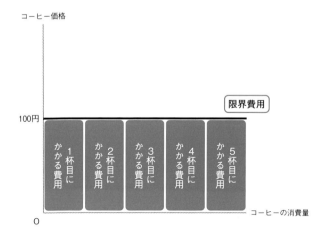

図5.8　コンビニコーヒーを飲む限界費用

（縦軸）コーヒー価格

限界費用

100円

1杯目にかかる費用　2杯目にかかる費用　3杯目にかかる費用　4杯目にかかる費用　5杯目にかかる費用

（横軸）コーヒーの消費量

0

するとそれだけお金がかかる。つまり最もよい消費量とは飽きてしまわず，予算的にもちょうどいいぐらいの消費量だ。ではどうすればいいだろうか？

●限界費用とは？

これを考えるためのツールが限界費用と限界効用だ。まず限界費用を見ておこう。限界費用とは買うモノ（ここではコンビニコーヒー）を1個増やした時に増加する費用のことである。ここでいう限界とは先に見た「限界支払い意思」の考え方と同じだ。図5.8に限界費用曲線が書かれている。曲線といいながら横に水平な直線となっている。これはコンビニコーヒーの価格が1杯当たり100円なので，1杯目も4杯目も同じように100円かかるということだ。

●限界効用とは？

ここで問題になるのは，この費用に見合った満足を得られるかどうかだ。これも先に限界効用逓減の法則で見たとおり，満足度を表す効用は図5.9のようにだんだん少なくなっていった。この図では，1杯目，2杯目など各カップのコーヒーから得られる効用が図示されている。少しずつ減少している

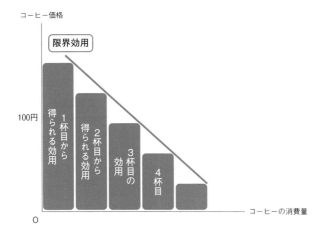

図5.9　コンビニコーヒーから得られる限界効用

コーヒー価格

限界効用

100円

1杯目から得られる効用

2杯目から得られる効用

3杯目の効用

4杯目

0

コーヒーの消費量

ことが分かる。

　この限界効用は階段状になっているが，仮にコーヒー1.1杯，1.2杯など細かく分けることができるとすれば，きれいな右下がりの線が描けるだろう。ここで注意したいのは，コーヒーを飲む時に得られる新たな満足（限界効用）が減っていくという意味で，コーヒーを飲むことから得られる満足度の全体量（効用の全体量）は増えていくということだ（3杯目まで飲んだ時，効用の全体量は「1杯目からの効用＋2杯目からの効用＋3杯目からの効用」となる）。

　コーヒー1杯から得られる効用は徐々に下がっていく。では何杯目で飲むのをやめた方がいいだろうか。答えは，費用に見合った効用が得られなくなった時点で飲むのをやめるというものだ。

　図5.10には限界費用と限界効用が重ねて示されている。①の領域は1杯のコーヒーを飲むことから得られる効用がその費用よりも高いことが示されている（限界効用＞限界費用）。

　①のような状況である限り，次の1杯のコーヒーは喜びを与えてくれるだろう。逆に②の領域は，コーヒーから得られる効用が少なくなっており，その費用に見合わなくなってしまっている（限界費用＞限界効用）。こうなる

図5.10　限界効用と限界費用

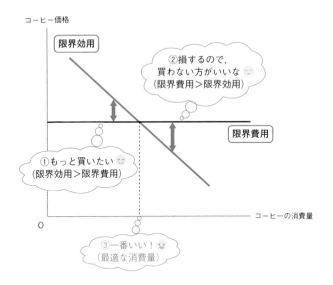

と，飲むことから得られる喜びより費用の方が高く感じてしまう。それなら
ばもう飲まない方がいいだろう。

　最も望ましいのは③の地点である。ここでは飲むことから得られる効用と
費用がちょうどつりあっているからだ（限界効用＝限界費用）。また，重要な
点だがコーヒーを飲むことから得られる満足度の全体量（効用の全体量）も
一番大きくなっている。たとえば，3杯目が最適量だったとしたら，3杯目
だけではなく，1杯目，2杯目，3杯目から得られた効用を足したものにな
る。つまり，限界効用と限界費用が等しくなるところが一番いい消費量にな
るということだ。

5.6　ま　と　め

　本章は需要・供給曲線のうち，消費者側の需要曲線について予算制約線，
無差別曲線，支払い意思額から検討し，その余剰がどこにあるかについて解

説してきた。続く第6章および第7章では供給曲線側の，企業の分析を見ていきたい。その上で第8章では，なぜ完全競争市場が望ましいと考えられるのか，そこにおける問題は何かについて考える。また，本章で扱った限界費用曲線の傾きは消費者のもので水平になっていた。次章以降で扱う，企業の限界費用曲線の傾きは違ってくるので注意が必要だ。ポイントをまとめておこう👇 。

- ・ 予算制約，時間制約：消費者は，限りある予算や時間の中で何を消費するか決めている。
- ・ 無差別曲線：同じ満足を得ることができる組み合わせを表したもの。無差別曲線と予算制約線が接するところで消費すれば満足度が高くなる。
- ・ 限界効用逓減の法則：消費の楽しみは少しずつ減ってくる。限界支払い意思額も少しずつ下がってくる。
- ・ 消費者余剰：市場での取引で消費者にとってトクになった部分。

本章のキーワード

予算制約	時間制約
予算制約線	効用
選好	無差別曲線
最適解	効用関数
限界	支払い意思額
限界効用逓減の法則	消費者余剰
限界費用	限界効用

コラム 1　家計簿の取り組み

　日本は戦後，激しいインフレーションに見舞われた。1949 年には 45 年と比べて 70 倍の卸売物価となった。物価が上がって賃金が上がらなければ生活は苦しくなる。買えるモノの量が減るからだ。こうした中，日本で生まれたのが「家計簿」だ。「婦人之友」の羽仁もと子が考案し，広まった。物価が上がる中で，予算をやりくりする工夫として生まれた運動であった。日本では家計簿をつけるのは特別なことではないが，世界的には必ずしもそうではない。モノの値段が上がる中で生活を豊かにするための一つの知恵であり，工夫だった。

コラム 2　データの取得とグラフの種類

　データをグラフで表すことは，直感的に数字を理解できるようになるのでデータを手に入れたら様々なグラフを作ってみるといい。ゼミ発表やレポートで伝わりやすくなるだろう。データは様々なところから入手できる。自分でアンケート調査などをするのも手だが，まずは様々な統計データがネット上にあるのでそうしたものから見てみるといい。ただし，しっかりとしたデータを使わなければならない。たとえば，次のようなものだ。

国内の経済データなら：
・　政府統計の総合窓口 e-stat
　　https://www.e-stat.go.jp

海外の経済データなら：
・　WDI（世界銀行の世界開発指標）（英語のみ）
　　https://databank.worldbank.org/source/world-development-indicators
　　（世界銀行には細かいミクロデータが集まったミクロデータバンクというのもある）
・　FRED（米連邦準備制度理事会（FRB）経済データ）（英語のみ）
　　https://fred.stlouisfed.org

　ちなみに e-stat では消費者物価などだけでなく，コーヒーや小麦など主要な品物の値段の動きが都市別でも見られるようになっている（主要品目の都市別小売価格）。同じ財でも北海道と東京では値動きが違うなど様々な発見があるだろう。

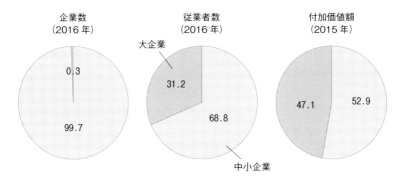

図5.11　円グラフ（中小企業の割合：%）

企業数
（2016 年）

従業者数
（2016 年）

大企業

付加価値額
（2015 年）

0.3

31.2

47.1

52.9

99.7

68.8

中小企業

（出所）　中小企業庁「中小企業の基礎データ」のデータをもとに著者作成。
https://www.chusho.meti.go.jp/koukai/chousa/basic_data/index.html

　さて，データを手に入れたら Excel などでグラフにするとよい。代表的なグラフは
次のようなものだ。
・　円グラフ
・　棒グラフ，時系列グラフ
・　散布図

円グラフ

　円グラフはたとえば図 5.11 のようなものだ。円の中での面積でそれぞれの構成要
素の割合を示すことで分かりやすく表すことができる。この図 5.11 から日本の企業
数は中小企業が圧倒的であることが分かる。大企業の数は 0.3% にしかすぎない。し
かし，大企業は雇用する人の数は多いため，従業者数で見ると日本の 31.2% の人が
大企業で働いている。一方，中小企業は 68.8% の雇用を生み出していることが分か
る。

　そして，付加価値を見ると大企業は大きく，半分近くの 47.1% の付加価値が，数
で見ると 0.3% にすぎない大企業から生まれている。同時に中小企業は半分強の
52.9% を作り出している。こうしたグラフから今後，どんな中小企業政策をとってい
けばいいかを考えることができるだろう。

棒グラフ，時系列グラフ

　同じようなグラフは棒グラフでもできる。棒グラフは第 2 章のコラム 1 でブランド
Ａと Ｂ を比較したような図で，棒の高さで比較をするものだ。ただ，コラムの中でも

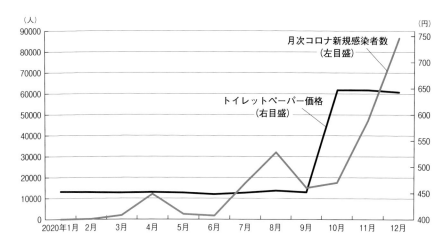

図5.12　時系列グラフ（新規の新型コロナ陽性者数とトイレットペーパー価格）

（出所）　トイレットペーパー価格は「主要品目の都市別小売価格」（https://www.e-stat.go.jp/dbview?sid=0003421913），新型コロ
　　　　ナウィルス新規陽性者数については厚生労働省オープンデータ（https://www.mhlw.go.jp/stf/covid-19/open-data.html）
　　　　より著者作成。

言ったように縦軸に注意しなければならない。誤った印象を与えることがあるからだ。
　ここまで事例で見てきたような円グラフや棒グラフは同じ時点でのデータを使った
ものだった。しかし，2000年から2020年などのように年単位や月単位で時系列と
言われるデータが入手できた場合，円グラフなどにはしづらくなる。もちろん，年ご
との円グラフを並べることもできるが，よほど大きな違いがない限りは年ごとの差が
分からなくなってしまう。そうした場合に使えるのが時系列グラフだ。図5.12はト
イレットペーパー価格と新規の新型コロナ陽性者を1つのグラフにしたものだ。
2020年3月に緊急事態宣言が発出され，この時点でトイレットペーパーの入手が難
しくなった。この時点では価格は上がらなかった。しかし，夏に感染が拡大し第2波，
そして11月ごろから第3波を迎えた。第2波の後，第3波に入る前のタイミングで
トイレットペーパーの価格が上昇していることが分かる。時系列グラフはこのように
年や月ごとの推移を見て，比較して分析することなどができる。

散 布 図

　散布図はX軸とY軸にそれぞれ別の変数を取り，その位置によってその2つの変数
の関係を表すものだ。ここではノーベル経済学賞を受賞したアンガス・ディートンに
よる図を見てみよう。図5.13にはX軸に豊かさを表す一人当たりGDPが取られてい
る。右側にいけばいくほど豊かであるということを表している。これに対してY軸に

図5.13　散布図（人生度の満足度と一人当たりGDP（対数目盛表示））

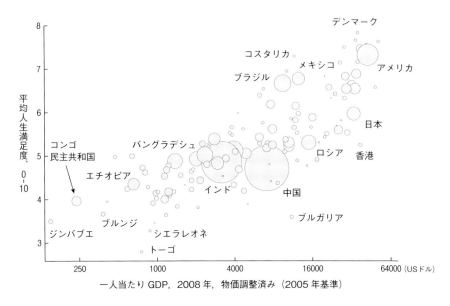

平均人生満足度、0−10

一人当たり GDP，2008 年，物価調整済み（2005 年基準）

（出所）　Deaton, Angus（2013）*The Great Escape: Health, Wealth, and the Origins of Inequality*, Princeton: Princeton University Press. より訳出。

各国の人生の満足度が取られている。ゼロから 10 までで回答してもらっている。10 がサイコー，0 がサイテーだ。2007 − 09 年の平均値が示されている。この図を見ると，所得の豊かさと人生の満足度に右上がりの相関関係があることが分かるだろう。つまり所得が上がると人生の満足度が上がっているということだ。相関関係とは，2 つの変数が何らかの関連性を示しているものだ。散布図にすることによって，こうした相関関係を調べることができる。

◆ 練習問題

問 5.1　消費者にとって最も望ましい消費の組み合わせは無差別曲線と予算制約線がどんな位置関係にある時か？

問 5.2　以下の空欄に最も適切な語句を書き入れなさい。

　消費者にとって消費は楽しみであるが，その楽しみは最初ほどではなくなってくる。チョコレート1個目はおいしく，2個目もそうだが，5個目ぐらいになるとカロリーが気になってきたり，味にも飽きてきたりする。こうして楽しみが少しずつ減ってくることを　　①　　という。

　こうした1個，1個に支払ってもいいと思う金額を表す曲線を　　②　　という。需要曲線はこの　　②　　である。そして，消費者がトクになった部分が　　③　　である。

問 5.3　1個100円でオレンジが売られている。あなたにとっての限界効用は次のとおりだ。いくつオレンジを買ったらいいだろうか。
　　1個目の満足度 200円
　　2個目の満足度 180円
　　3個目の満足度 150円
　　4個目の満足度 50円

第6章

企業の行動──生産可能性曲線，費用

- ■ 6.1　企業の目的──利潤の最大化
- ■ 6.2　生産可能性曲線
- ■ 6.3　3つのタイプの費用──機会費用，限界費用，サンクコスト
- ■ 6.4　まとめ

　第5章では消費者の行動に光をあてた。本章と次の第7章では企業の行動を中心に分析する。消費者，企業の理論を学ぶと，第8章で完全競争市場は何がいいのかを検討する道具立てが揃うことになる。その準備のため，本章では前半では企業の供給能力（生産可能性曲線）から見ていく。そして，後半では費用について議論していく。利潤を上げるには費用を明確にすることが必要だからだ。

> ⸨ この章のポイント ⸩ 👉
>
> ・企業はどのようにして何をどれくらい作るか決めているのだろうか？
> ・人を増やせばどんどん生産量は増えるのだろうか？
> ・企業が気にしないといけないコストはどんなものがあるだろうか？

6.1　企業の目的──利潤の最大化

　消費者（および家計）が望むものは，自分の満足度を高めること（最大化）であった。では企業はどうだろうか。企業の目的は，「儲け（利潤）」を追求（最大化）することである。ノーベル経済学賞の受賞者ミルトン・フリードマンは次のようにも述べている。

「自由主義経済の下でのビジネスの社会的責任はただ一つ。それは利潤を増大させることだ[1]。」

こう聞くと，少し違和感を感じる人も多いかもしれない。SDGs（持続可能な開発目標）や，ESG（環境・社会・ガバナンス）投資など，社会的な貢献に取り組んでいる会社もあるからだ。

しかし，それらは利潤を得ることができ，株主に配当を出すなどして初めて可能になる取り組みである。採算性を度外視して，社会的な貢献に取り組むことを目的にすることは会社の場合は難しい。しかし，SDGsなど社会的な貢献を通じて企業イメージを高めることは利潤を高めることと矛盾せず，むしろそれを促進することになる。

こうした企業の利潤を上げる活動とSDGsなどの社会的な活動はどう関係するのかに興味のある人は岩井克人 (2009)『会社はこれからどうなるのか』（平凡社）などを読むと理解が深まるだろう。

6.2　生産可能性曲線

第3章で見た供給曲線だが，企業はどのようにして生産する量などを決めているのだろうか。また，企業はどんなトレードオフに直面して，選択を迫られているのだろうか。これを理解するには，まず企業にはどんなチャンス（機会）が待っているのかから考える必要がある。それが分かると，様々なチャンスの中から選択をしていることが分かるためである。経済学では，こうした様々なチャンスの集まりのことを機会集合という。

---

[1] フリードマンが，1970年にニューヨーク・タイムズ・マガジンに寄稿したエッセイの中の言葉。全文は，以下の文献に採録されている。
Friedman, Milton. 2007. "The Social Responsibility of Business Is to Increase Its Profits". In Zimmerli, W.C., Holzinger, M. Richter, K. (eds) *Corporate Ethics and Corporate Governance*. Springer, Berlin.

●機会集合について──選択可能な選択肢の集まり

　機会集合というと地味で無機質な分かりにくいもののように思える。しかし，実は「選択可能なチャンス（機会）の集まり」という希望と夢と可能性にあふれたものである。こうした選択肢を明確にする際に大切なことは「制約」を理解することである。制約と可能性は真逆だ。しかし，制約が明確になるということは，その制約外は全て可能性があるからだ（機会集合）。ではどのような制約があるだろうか。

　前章では消費者にとっての予算制約について述べた。予算を超えては消費をすることはできなかった。供給側も同じで，当然のことだが予算を超えて生産をすることはできない（予算制約）。もう一つは時間である（時間制約）。

　企業は社員やアルバイトを雇ってモノの生産や，レストランの経営などを行う。この社員やアルバイトの働く時間には限度がある。したがって，企業は社員やアルバイトの時間をいかに効率的に使ってモノの生産やサービスを行うかを考えなければならない。

　つまり，企業は予算と時間という2つの制約の中で選択をしなければならない。こうした制約を明確にすることによって，どんなオプションがあるかが明確になるのである。

　消費者が予算や時間の制約の中，何を買うか選択しているのと同じように，企業も働く人の数や資金などの制約がある。こうした制約の中で生産できるモノの選択肢（機会集合）を明確にしたものが生産可能性曲線である。

●マスクと車のトレードオフ

　たとえば，ある国がマスクと車の2つだけを生産しているとする。実際にはこの2つしか生産しないという国はないが，ここでは分かりやすくするため単純化している。

　表6.1はマスクと車の生産が可能な組み合わせの例である。たとえば，全ての人や資金などを車の生産に振り向ければ100台の生産が可能だ。ただし，この場合マスクは全く生産できない。逆に車の生産台数を減らしてマスクを生産すると徐々に生産枚数が増えていく。車が90台になれば，マスクは40万枚の生産が可能である。逆にマスクの生産に全ての資源を振り向け

表6.1　マスクと車のトレードオフ

マスク	車
0	100台
40万枚	90台
70万枚	70台
90万枚	40台
100万枚	0

図6.1　生産可能性曲線

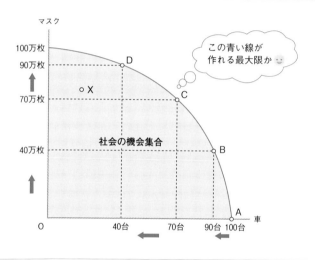

ると100万枚を生産することができるが，車の生産はゼロとなる。このように，この国では，車とマスクの生産はトレードオフの関係にある。

●マスクと車の生産可能性曲線

　こうしたマスクと車の生産可能な最大量の組み合わせを図示したものを生産可能性曲線といい，図6.1では青線で示されている。これに対し，原点から生産可能性曲線までの水色部分はこの社会において生産の可能性のある部分（機会集合）である。

　途上国のようにその社会において何らかの非効率があり，可能性をフルに活かせない場合，その社会の生産は可能性ギリギリまで突き詰めている青線

まで来ず，X 点のように水色部分内に留まっている。逆に言えば，途上国の経済開発を考えるというのは，この X 点の状況から最も効率的に生産がなされる青線の部分（たとえば D 点など）まで生産を改善することである。

●なぜ外向きに凸の曲線なのか

生産可能性曲線は直線ではなく，外向きに凸の曲線になっている。どうしてこうしたカーブになるのだろうか。それには 2 つの理由がある。

第 1 に A 点ではこの国はマスクを生産せず，車の生産に集中している。設備や人の技術も車の生産に特化しているだろう。しかし，マスクの生産を始めると，マスクの生産にも対応できる人や機材を使うので最初はスムーズに転換できるだろう。しかし，滑り出しはよくても，だんだんとマスクの生産に向かない人や機材も使わないといけなくなる。

そうすると，徐々にその効率は落ち始める。たとえば，車の生産が 100 台から 90 台に 10 台減ったとしよう。つまり，A 点から B 点に移動したのである。この時，マスクの生産は 0 から 40 万枚に増える。その後，B 点から C 点に，C 点から D 点に移動したとしよう。車の生産台数の減少は 20 台（90 台から 70 台へ），30 台（70 台から 40 台）と増加する。

しかし，マスクの生産の増加はそれぞれ 30 万枚（40 万枚から 70 万枚），20 万枚（70 万枚から 90 万枚）にしかすぎない。この関係をまとめると次のようになる。車の生産の減少を減らしてもマスクの生産がなかなか増えなくなっていく。だんだん，本来は生産に向かない資源も振り向けないといけなくなるので生産の伸びが落ちてしまう。これが凸になる一つの理由である。

	車の生産台数減	マスクの生産枚数増
A → B	10 台	40 万枚
B → C	20 台	30 万枚
C → D	30 台	20 万枚

第 2 の理由は，労働，機械や原材料などを生産に投入してもだんだん生産の伸びが少なくなってしまうからである。モノを生産するには，労働力や資本（材料，設備，資金など）が必要になる。これを生産要素という。モノの

生産を増やす場合には，この生産要素の投入量を増やしていく。忙しくなるとアルバイトの募集が増えるのはこのためだ。

●学園祭の焼きそば——収穫逓減の法則

　たとえば，学園祭で焼きそばの模擬店を出店したとしよう。1人で作っていた時はとても忙しい。誰か1人が助けに来てくれると大助かりで，作る焼きそばの量は倍近くなるだろう。さらに3-4人増えてもやきそばのできる量は順調に増えるだろう。しかし，助けてくれる友人が増えて20人もの人がいたらどうだろうか。狭い模擬店の中でお互いに邪魔で作業に支障が出るだろう。人数が少ない時は大助かりだが，人数が増えてくると狭い模擬店に人が多すぎてお互いに邪魔になる。そうすると，効率的に焼きそばを作れなくなるだろう。少なくとも20人から人が1人増えるのは，1人だった時に誰かが助けに来てくれた時ほどには焼きそばの生産は伸びないだろう。

　これが収穫逓減の法則と言われるものである。逓減の意味については第5章5.3の限界効用逓減の法則の項目で出てきたが「次第に減る」という意味である。つまり，焼きそばの例のように働く人が増えても焼きそばの生産の「伸び」がだんだん減っていく法則である。「収穫」というように，この法則は小麦やコメなど農産物でもこうした傾向が見られることから名付けられたものである。つまり，同じ面積の土地に人数が増えていってもそれによる生産の伸びは徐々に減っていくということだ。この収穫逓減の法則は農業やサービス業だけでなく製造業など経済全体の一般法則である。

●生産関数

　この収穫の逓減の法則は図6.2のような生産関数で見ると分かりやすい。この図では労働や資本といった生産要素の投入量が右にいくほど増えている。ここでは労働でも資本でもいいように単位を特定せず，1，2，3と書かれているが，要は投入量が増えているということだ。

　では，この投入量を増やすとどんどん生産量が増えるのだろうか。この図から分かることは残念ながらそうではない。新たに生産要素を投入すると，最初は順調に生産が伸びるが，そのうちに伸びが減ってくる（1までの投入

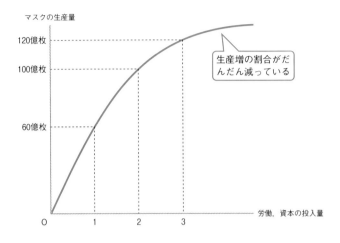

図6.2 マスクの生産関数

マスクの生産量

120億枚

100億枚

60億枚

生産増の割合がだんだん減っている

0   1   2   3   労働，資本の投入量

で60億枚のマスクが生産される）。投入を2まで増やしても新たな生産量の増加は40億枚だ（合計は60億＋40億で100億枚）。さらに，投入を3まで増やしても20億枚しか増やすことができない（合計は100億＋20億で120億枚）。60億→40億→20億と新たに生産できる量が減っていることが分かる。

　コロナ禍が始まったころ，マスクがなかなか手に入らずにもどかしい思いをした人もいたのではないだろうか。日本のマスクの年間供給量（国内生産と輸入数量の合計）は2019年には64億5500万枚であった（輸入：49億7200万枚，国内生産：14億8300万枚）。これが2020年にはおよそ倍の129億9000万枚になった（輸入：94億6300万枚，国内生産：35億2600万枚）[2]。こうした生産量を倍増するためには，図6.2のような収穫逓減を考えると，かなりの量の生産要素の投入が必要になる。この収穫の逓減もマスクを急に増産することが難しかったことの理由の一つだった。

　さて，この生産関数は生産可能性曲線とどこか似ていないだろうか。実は生産可能性曲線と左右反対となっているのが生産関数である（図6.1と見比

[2] 数値は日本衛生材料工業連合会ウェブサイトより。
https://www.jhpia.or.jp/data/data7.html（2022年3月16日閲覧）。

べて欲しい）。図 6.2 ではどこからか労働や資本が得られることになっている。しかし，当然，経済全体を見るとトレードオフの関係にある。自動車など別の生産に使われている資本や労働がマスクの生産に使われるのである。生産関数の図からも分かったように，収穫逓減の法則から生産可能性曲線は需要サイドの予算制約線のような直線ではなく，外向きに凸の曲線となるのだ。

> ここがポイント！ 👉
>
> モノの生産は人など生産要素の投入を増やしても，徐々にその生産の伸びが小さくなる。これを収穫逓減の法則という。

6.3　3つのタイプの費用
——機会費用，限界費用，サンクコスト

　ここまで生産可能性曲線を見てきた。これは，企業が生産する可能性のある財の組み合わせの集まりであった（機会集合）。しかし，何を生産するかについては，第 2 章で述べたトレードオフがある。企業が儲けを大きくするためには，どうした組み合わせがいいかトレードオフの中から選ばなければならない。それにはコスト（費用）とベネフィット（便益）の見極めが大切である。まず，この章の残りではこのコストについて解説をしていく。トレードオフの中で何かを選択するのに大切なのは費用だからだ。この章では 3 種類の費用について考えていく。それは，機会費用，限界費用，サンクコストである（図 6.3）。経済学で扱うこの 3 つの費用は，普段の生活で考える費用とはかなり異なる。費用という言葉そのものは分かりやすいが，経済学でいう費用はかなり違うものだ。

●機会費用とは
　企業が何を作るかを決めなければならない，選択しなければならない時に考えないといけない費用の一つを機会費用という。名前からはどんな費用か

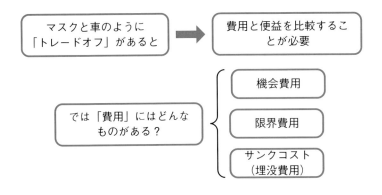

図6.3　3種類の費用

マスクと車のように
「トレードオフ」があると　→　費用と便益を比較することが必要

では「費用」にはどんなものがある？
- 機会費用
- 限界費用
- サンクコスト（埋没費用）

すぐにイメージできないだろう。機会費用とは「ある行動を選択することで失われる（あきらめないといけない），他の選択をしていたら得られていた便益」である。すぐに意味を理解するのは難しいと思うので，少し具体的な事例で考えてみよう。

　まずは企業ではなく，個人の例で始めよう。たとえば，Aさんは大学を卒業し，会社で働いていて年収が500万円ある。しかし，キャリアアップを目指して会社を辞めて海外の大学に留学しようと考えている。この時，留学にかかる費用はいくらだろうか。最初に思いつくのは大学の学費や留学にかかる費用だ。しかし，その時，Aさんはこれ以外の費用のことも考えるはずだ。会社を辞めて1年留学すれば，今の会社で働けば得られる500万円の収入を失うことになるからだ。この500万円が機会費用になる。

　今，大学生の人も，もし高校を卒業して就職していれば収入があったはずだ。学生になることによって，その収入は得られていない。この得られなかった収入が大学生の機会費用だ。しかし，意識するかどうかは別として機会費用や学費などのコストを支払っても，大学卒となることによる将来的なベネフィットが大きいと判断しているから大学に進学しているのだと思われる。

　このように，コストとベネフィットを見極めていくことが大切だ。そして，その時には機会費用を考慮に入れることが大切なのだ。企業の場合でいえば，自動車を作るのかマスクを作るのかを選ばないといけない。もし，マスクを

作ることにしたら，それによって自動車の生産をあきらめないといけない部分が出てくる。これが企業の機会費用である。

●限界費用とは

次に検討するのは限界費用だ。限界という単語は前章でも「限界支払い意思額」の総額と限界の違いについて触れた際に出てきた。ここでも考え方は同じだ（思い出せない場合は，5.3節「支払い意思額」の項目をもう一度読んで欲しい）。

総額費用は何かを作る際にかかった全ての費用だ。これに対して，限界費用は買うモノや作るモノを1単位増やした時に増加する費用のことある。ここで限界というのは限界支払い意思額の時と同じ，「追加的な変化」ということで，たとえば次のコーヒー1杯を作る費用という意味である。

ここでの「限界」という使い方は，日常生活の中での使い方とかなり違う。これは数学の微分と同じ「これ以上は細かく分けることができない」という意味だ。経済学者のウィリアム・ジェボンズは，こうした数学の「限界」という概念を経済学に取り入れた。それにより，それまでのデイビッド・リカードやジョン・スチュアート・ミルといった古典派の経済学の理論に挑戦し，「限界革命」を起こしたのだ[3]。この限界費用については次章に具体例を見ながら詳しく検討する。

●サンクコスト（埋没費用）とは

3つ目の費用はサンクコストだ。サンクコストは回収ができない投資費用のことを指す。日常生活の中では意識されにくいコストだ。英語では Sunk Cost と書かれ，sunk は沈むなどの意味を持つことから埋没費用と訳されている。沈んでしまうとその費用は元に戻らないというところから来ている。この費用の特徴はあきらめが悪いと，回収できない投資費用が膨らんでしまうということだ。なぜあきらめが悪いと費用がかかるのだろうか。

我々はよく「もったいない」「ここまで頑張ってきたから，やめるのはもっ

---

[3] こうした経済学の学説史に興味のある人は，根井雅弘（2018）『英語原典で読む経済学史』（白水社）など経済学史の本をひもとくと面白いと思う。経済学の世界が広がる。

たいない」と考えがちだ。しかし，多くの場合，ずるずると費用を持ち続けて損をさらに大きく広げてしまう。

　たとえば，高価な服をいっぱい買った（投資）けれど，結果的にあまり気に入らず３年以上着ていないとする。この着ていない服が部屋のワードローブの大部分を占めてしまっている。こうした場合，その服がなければワードローブも快適に使えたはずだ。東京の部屋代は高いので，着ない服のために部屋代の一部が消えていっていることになる（機会費用）。しかし，機会費用がかかっていても，もったいなくて服を捨てられず，かといって着るわけでもなく費用だけがかさんでいく。これがサンクコストである。

　あきらめが悪いためコストが膨らんでいってしまうのである。また，投資費用も機会費用も回収することはできない。

●なぜコンコルドは空を飛んでしまったのか

　部屋の服ぐらいであればコストが膨らんでも大きな痛手にはならないが，橋やトンネルの工事，新製品の開発などでこうした事例が発生すると大きな費用になる。そうした事例の一つは英仏が共同開発し，1976 年からブリティッシュ・エアウェイズとエール・フランスが運用開始した超音速旅客機コンコルド（図 6.4）である。

　マッハ２という通常の飛行機の倍以上の速度で飛行する夢のような飛行機であった。しかし，燃費がとても悪く，また乗客の定員数が少ないなど採算があわず 2003 年にすべて退役してしまった。このコンコルドに関しては，数千億円の開発費用がかかり，プロジェクトの途中段階からすでに採算が取れないことは試算されていた。むしろ，プロジェクトを中止した方が赤字額も少なくて済むことは分かっていた。

　しかし，すでに投資した金額が大きく，また責任問題になることを恐れて開発は進められてしまい実際に運行が開始されてしまった。結果は予想されていたとおりで，採算はあわず最終的な赤字額は正確には分からないが数兆円になったとも言われている。採算が取れないと分かった段階でプロジェクトを中止していれば，赤字額は開発費用以上に大きくはならなかったはずだ。あきらめが悪いとサンクコストが膨らんでしまうという事例の一つである。

図6.4　離陸する超音速旅客機コンコルド（2001年9月：フランス）

（出所）　AFP＝時事

6.4　ま　と　め

　本章では供給側の会社の行動に焦点をあててみた。まず，生産可能性曲線で生産の可能性の選択肢（機会集合）と生産関数を議論した。その上で利潤を上げるためには費用を明確にする必要があるため，機会費用，限界費用，サンクコストの3種類の費用について解説した。

　次章ではどうしたら利潤を最大化できるのか，生産者側にとってトクになる余剰はどこになるのかについて議論していく。本章のポイントをまとめておこう 👉 。

- ・　生産可能性曲線：生産をすることができる最大量の組み合わせ。その内側は生産が可能な組み合わせを示しており機会集合と言われる。
- ・　収穫逓減の法則：労働者など生産要素の投入を増やしても，生産の伸びが徐々に減っていく。
- ・　企業は費用を考える時に，まず，機会費用，限界費用，サンクコストの3つを考える。

本章のキーワード

機会集合 予算制約

時間制約 生産可能性曲線

生産要素 収穫逓減の法則

生産関数 機会費用

限界費用 サンクコスト（埋没費用）

◆ 練習問題

問 6.1 機会費用とは何か。最も適切な選択肢を選びなさい。

① 人と会うのにかかる費用である。

② 原材料の費用である。

③ 財を生産するためにあきらめる便益のことである。

④ 財の生産量を 1 単位増やした時に増加する費用のことである。

問 6.2 時間の機会費用は 1200 円とし，毎日，通勤にかかる時間は往復で 3 時間としよう。平日（週 5 日）の機会費用を計算しなさい。

問 6.3 下の表は生産可能な組み合わせを示している。ペンを 600 本から 900 本に増産した場合の機会費用はいくらか。最も適切な選択肢を選びなさい。

ペン（本）	小麦（グラム）
1200	0
900	400
600	750
300	1050
0	1300

① 小麦 400g

② 小麦 350g

③ 小麦 300g

④ 小麦 1050g

問 6.4 上の表について次の記述の中で正しいものはどれか。

① ペンの機会費用は，生産量によらず一定である。

② ペンの機会費用は，生産量が増えるにつれて増える。

③ ペンの機会費用は，生産量が増えるにつれて減る。

④ 小麦の機会費用は，生産量が増えるにつれて減る。

第7章

企業はどうしたら利潤を
大きくできるか

　第6章では，企業の行動に焦点をあて，どのような生産の組み合わせの可能性（機会集合）があるのかについて，生産可能性曲線と生産関数から議論した。また，利潤の最大化を考えるために費用を明確にする必要があることから3種類の費用について見た。

　本章では，企業はどのようにすれば利潤を最も大きく（最大化）できるのかについて見ていきたい。また，完全競争市場では消費者にとっては消費者余剰がトクになる部分であった。では供給側である生産者にとってはどうなのだろうか。同じようにトクとなる生産者余剰となる部分はあるのだろうか。まずは利潤の最大化とは何かというポイントから話を始めたい。

この章のポイント 👆

・企業は利潤を大きくしたいと考えているが，どうしたらそうできるのだろうか？

・モノを作るには費用がかかる。費用によっては土地代など生産量にかかわらず，ずっと変わらない費用と，人件費など生産量によって変わる費用がある。作りすぎては損になってしまう。ではどれくらい生産すれば利潤は最大化するのか？

・企業にとって市場で生産物を販売することによってトクすることはあるのか？ どうしてそう言えるのか？

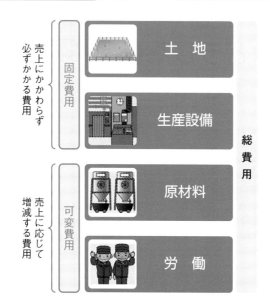

図7.1　固定費用と可変費用

売上にかかわらず必ずかかる費用 ｜ 固定費用 ｜ 土　地 / 生産設備

売上に応じて増減する費用 ｜ 可変費用 ｜ 原材料 / 労　働

総費用

7.1　利潤の最大化

さて，多く儲けるためにはどうしたらいいだろうか。この利潤（儲け）は収入からかかった費用全て（総費用）を差し引いたものなので，次のように書くことができる。

利潤＝収入－総費用　　　　　　　　　　　　　　　　　　　(7.1)

つまり利潤を大きくするには，①収入（売上）を大きくするか，②総費用を少なくすることが大切だ（言わずもがなだが，収入が大きくなっても，同時に費用も同じだけ大きくなっていれば利潤は変わらない。この２つの差が大きくなることが大切だ）。

●固定費用と可変費用

ここで，費用は総費用と書かれている。前章6.3節の費用の区分と異なり，

表7.1　総費用，固定・可変費用，限界費用

コーヒー（杯）	総費用	固定費用	可変費用	限界費用
0	300 円	300 円	0 円	
				] 10 円
1	310 円	300 円	10 円	
				] 20 円
2	330 円	300 円	30 円	
				] 70 円
3	400 円	300 円	100 円	
				] 100 円
4	500 円	300 円	200 円	

ここでは生産にかかわる費用として次の2つの区分で考える。

　固定費用は売上に応じて生産量が多くなろうが，少なくなろうが必ずかかる費用である（図7.1）。たとえばカフェを経営する時のカフェの家賃（地代），減価償却費などだ。これはコーヒーが多く売れても売れなくても，毎月同じ金額を支払わなくてはならない固定費用である。一方，可変費用は生産量の変化に応じて増減する費用だ。原材料費のコーヒー豆，砂糖，ミルクや人件費がこれにあたる。

●限界費用の計算

　ではどうすれば費用を少なくできるだろうか。そもそも全ての費用が一定で増えていくのだろうか。これは以下のように整理できる。

　上で述べたように，総費用は固定費用と可変費用を足したものだ。つまり次のような関係にある。

$$総費用＝固定費用＋可変費用 \tag{7.2}$$

　ここから前章で議論した限界費用が分かる。復習しておくと，限界費用は，生産を増加する際に追加で必要になる費用だ。具体的に見てみよう。表7.1は，例としてコーヒーを提供するのにかかる費用を表したものである。

　まず，固定費用を見てみよう。これは上で説明したように，家賃などなのでカフェの売上にかかわらず，ずっと同じ300円で固定されている。これに対して可変費用は，作る量が多くになるにつれ少しずつ高くなっていく。こ

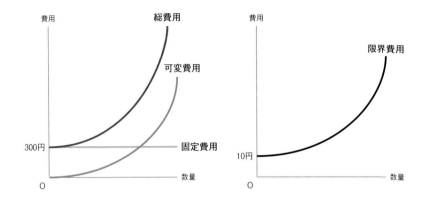

図7.2　3つの費用曲線

れに応じて，総費用も上がる。さて，限界費用はどうだろうか。限界費用は
「追加で必要になる費用」なので，表7.1のように作る量が多くなる際の差
だ（たとえば，2杯目と1杯目の差は10円で，これが限界費用となる）。表
から分かるとおり，限界費用は作る杯数が増えると高くなっている。

● 3つの費用曲線

　これらを図にすると図7.2のようになる。下から見ると，固定費用の変化
を示した固定費用曲線は，生産量にかかわらず家賃などの固定費用は変わら
ないため水平の線だ。これに対して，コーヒーの提供量が増加すると，当然，
それに必要なコーヒー豆など原材料の可変費用は上がる。そのため，可変費
用の変化を示した可変費用曲線は徐々に上がっていく。固定費用と可変費用
を足した総費用の変化を示した総費用曲線は，図のように右上がりとなる。
　右側の図は，限界費用の変化を示した限界費用曲線である。限界費用も表
7.1で見たとおり少しずつ上がっている。固定費用については，コーヒーの
提供量にかかわらず一定である。したがって，限界費用というのは可変費用
の増加分である。この点は表7.1から読み取れる。コーヒー3杯目の限界費
用は3杯目までにかかる可変費用から2杯目までにかかった可変費用を引
くので100円－30円＝70円となる。
　前章で説明した収穫逓減の法則から，コーヒーの提供数を増やせば増やす

ほど追加的に必要な費用，すなわち限界費用が必要となる。そのため限界費用曲線は右上がりになっている。これは利潤を最大化するという目的とあわせて考えた場合，販売量が多すぎると費用が高くなりすぎて割にあわなくなるかもしれない，ということを意味する。販売量が増えると限界費用がどんどんと高くなるからだ。ではこのカフェにとって適切なコーヒーの提供数はどのように決めたらいいのだろうか。この点を次に見たい。

> **ここがポイント！** 👆
> 限界費用は「生産を増加する際に追加で必要になる費用」である。これは可変費用の増加分である。

7.2　供給量はどう決定されるか

さて，では供給量はどのように決定されるだろうか。コーヒーを追加的に1杯提供する時にかかる費用が限界費用だ。利益を上げるには販売数が多い方がいいが，カフェの経営者としては，限界費用がその1杯から得られる収入の方を超えてしまうと困る。損が出てしまうからだ。

●限界費用＝限界収入で最も利潤が大きくなる

ではこの1杯から得られる収入とはいくらだろうか？　これは当然，市場価格だ。たとえばコーヒーが1杯100円とすると，コーヒー1杯を販売するごとに100円が得られる。これを限界収入という。この時コーヒーの販売から得られる収入は100円×販売数量となる。

図7.3には，価格100円のところから延びる水平線として限界収入曲線が入れられている。図のB点は限界費用が80円で，限界収入（100円）＞限界費用（80円）となっている。ということはコーヒー提供量を増やせばより利潤を得ることができる。生産を増やしても，得られる収入の方が，かかる費用よりも高いからだ。

図7.3　利潤が最も大きくなる生産量

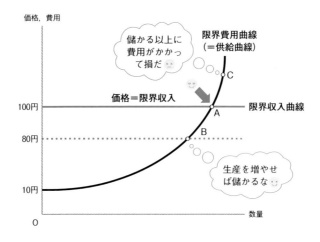

　ではC点ではどうだろうか。C点では限界費用が100円を超えており，限界費用＞限界収入となっている。つまり，コーヒーを提供する費用の方が収入よりも高くなっている。カフェを経営すればするだけ損をするという状況である。

　こう考えると，最も利潤を大きくすることができるのは限界収入曲線と限界費用曲線の交点であるA点であることが分かる。A点では得られる収入（限界収入）とかかる費用（限界費用）が等しくなっている。この点までは生産を増やせば増収になるのだ。

> **ここがポイント！** 👇
> 　限界費用と限界収入が等しくなる生産量が最も利潤が大きくなる。

●限界費用曲線は実は供給曲線

　この限界費用曲線の正体は，実は供給曲線である。たとえば，市場価格が80円に下がったら生産量はどうなるだろう。先ほどまでのA点の生産量では限界費用（100円）の方が，限界収入（80円＝価格）を超えてしまうの

で生産をすると損をしてしまう。なので，価格が80円になったら，利潤が最も大きくなる生産量はB点になる。

　思い出していただきたいが，第2章で議論したとおり完全競争の状態では企業は価格受容者（プライス・テーカー）になる。価格は企業が決めるのではなく，市場で決まる。企業はその価格に対応して生産量を決めるのだ。つまり，このように価格に対応した生産量を示すというのは供給曲線に他ならないのである（第3章の図3.3を改めて見て欲しい）。

7.3　生産者余剰

　さて費用が分かると生産者余剰が分かってくる。消費者余剰は消費者にとって市場で交換することによってトクになった部分であった。生産者余剰は「生産することによって」企業が得られる利益だ。これは次のように書ける。

> 生産者余剰＝収入－可変費用　　　　　　　　　　　　　　　　　　(7.3)

　注意して欲しいのは，章の冒頭に示した利潤の式（7.1）と少し違うことだ。式（7.1）は次のようなものであった。

> 利潤＝収入－総費用　　　　　　　　　　　　　　　　　　　　　　(7.1)

●生産者余剰と利潤の違い

　生産者余剰と利潤の違いは収入に対して差し引くのが，可変費用か総費用かの違いだ。なぜこうした違いが出るのだろうか。それは，「生産をしていない（生産量ゼロ）」時の取り扱いの仕方の違いである。生産量ゼロの時も固定費用がかかっている。固定費用は生産量にかかわらず（生産していなくても）支払いの必要な家賃などの費用だ。利潤の方は全体として儲かっているかどうかが大切だから，固定費用も含めて計算している。式（7.2）より，式（7.1）は次のようになる。

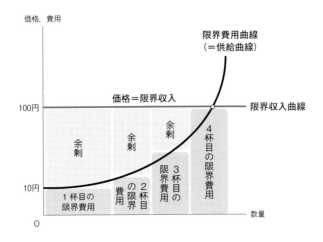

図7.4　限界費用と生産者余剰

$$利潤＝収入－（固定費用＋可変費用）\qquad(7.4)$$

　生産者余剰というのは，企業が「生産することによって」得られる利益だけを表している。「生産することによって」という部分が重要な点である。なぜなら企業は「生産しない」という選択肢もあるからだ。当然，生産しない場合にはトクになることはない。図7.2を見直すと，生産がゼロの場合でも費用がかかっていることが分かる。固定費用である。前述のとおり，余剰と利潤の違いはこの固定費用を差し引くかどうかだ（式（7.3）と（7.4）を比較すればよい）。

　ここがポイント！👇

　生産者余剰は「生産することによって得られる利益」を表している。

●生産者余剰を図にすると
　では生産者余剰を図にするとどのようになるのだろうか。図7.4では供給曲線と生産者余剰，限界費用の関係を示している。本章で見てきたように，

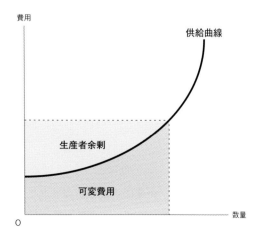

図7.5　可変費用と生産者余剰

費用

供給曲線

生産者余剰

可変費用

数量

0

供給曲線は限界費用である。この図では，1杯目から4杯目までの限界費用が書き込まれている。余剰は価格と限界費用の差の部分になる。これはつまり，本来であればこのカフェは市場価格が10円であれば，1杯目の限界費用は10円であったので供給してもよかった。しかし，実際には市場価格は100円となったので，この90円分がトク（生産者余剰）になったということだ。

　ここで生産者余剰は収入から可変費用を差し引いたもののはずなのに，限界費用の話が出てきたので戸惑った人も多いと思う。表7.1で可変費用と限界費用をもう一度おさらいしておこう。表から分かるとおり，可変費用とは限界費用の累積額になっている。たとえば，2杯目の可変費用（30円）は，1杯目の限界費用10円と2杯目の限界費用20円を足したものだ。つまり，図7.4の限界費用を足したものが可変費用になるのだ。

ここがポイント！

　可変費用とは限界費用の累積額だ。

前頁の図 7.5 は，図 7.4 を限界費用から可変費用にして，階段状の段差を滑らかな曲線に変えて，より一般的な生産者余剰の図にしたものである。これで，生産することによって得られる利益を表している生産者余剰が導き出された。第 5 章の図 5.7 で議論した消費者余剰とあわせると，完全競争市場における消費者および企業のそれぞれの余剰が明らかになった。

7.4 ま と め

本章では第 6 章に引き続き，企業の行動に焦点をあてて分析してきた。特に企業はどのようにしたら利潤を大きくできるかに注目した。収入と費用の関係について，特に費用を総費用，固定費用，可変費用に分けて議論した。さらに限界費用曲線が供給曲線と同一なものであることと，生産者余剰とは何かを明らかにした。

これで消費者余剰，生産者余剰が出揃った。次章以降では余剰分析を使いながら完全競争市場がなぜいいのか，税や価格規制が市場にどのような影響を与えるのかを分析していく。

本章のポイントをまとめておこう 👆。

- ・ 費用には生産量が増えても変わらない費用（固定費用）と変わる費用（可変費用）がある。
- ・ 生産するのにかかった限界費用は可変費用の増分である。限界費用と限界収入が等しくなる時，利潤が最も大きくなる。
- ・ 企業にとって市場で販売することによるトクは生産者余剰として表すことができる。

本章のキーワード

総費用	固定費用
可変費用	限界費用
限界収入	生産者余剰

コラム　相関関係と因果関係（アイスクリームの販売量が伸びると溺死者数が増える？）

　第5章のコラム2で相関関係について述べたが，データを分析するにあたって気をつけないといけないのは相関関係があっても，それが因果関係であるとは限らないことだ。

　相関関係とは，2つの変数が何らかの関連性を示しているものだ。しかし，気をつける必要があるのは，この相関関係を因果関係と思いこんでしまうことだ。つまり，「原因と結果の関係にある」と思ってしまうことだ。相関関係と因果関係の違いを理解しておく必要がある。図7.6のように因果関係とは，ある出来事が別の出来事に直接の影響をもたらすものだ。

危険なアイスクリーム!?

　具体例で考えてみよう。図7.7は散布図でアイスクリームの販売量と溺死者数の関係が分かるようになっている。点にはある程度，関係があるようで，その関係は直線で右上がりように見える。つまりアイスクリームの販売量が増えると，溺死者数が増

図7.6　因果関係と相関関係

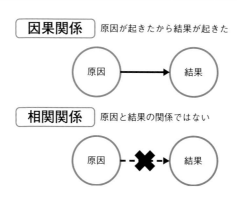

図7.7 アイスクリーム販売量と溺死者数

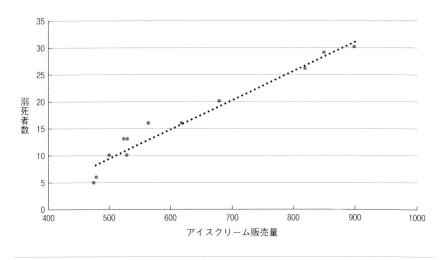

えている。これは本当だろうか。アイスクリームを食べると太って泳ぎにくくなるの
だろうか。もしそれが本当ならばアイスクリームの販売を禁じるべきだ。

　しかし，そんなわけはない。実際はこの表に現れていない気温の変化が，アイスク
リームの販売量と溺死者数に影響を与えているのだろう。つまり，気温が高くなると
人々はアイスクリームが食べたくなる。また，気温が高くなると海やプールに行きた
くなる。そうするとどうしても事故が発生する。したがって，この図を見るとアイス
クリーム販売量（変数1）と溺死者数（変数2）は因果関係があるように見えるがそ
うではない。気温が上がること（第3の変数）がその原因なのだから。

　こうした，因果関係がないのに因果関係があるように見えることを擬似相関といい，
データを見る時に気をつけないといけない。この第3の変数がありそうかどうか，因
果関係を考える時に念頭に置いてデータを見なければならない。これが因果関係のあ
るなしをチェックする第1項目だ。

科学技術への支出がどうして…？

　もう一つ別のタイプの相関関係もある。思いがけない相関である。つまり，第3の
変数でもなく，図らずもデータが相関していたケースだ。これが因果関係のあるなし
をチェックする第2項目だ。

　これは次の図7.8の「アメリカの科学・宇宙・技術への政府支出」と「首吊り自殺
者数」の関係のようなものだ。このグラフには2つの関係が時系列の折れ線グラフで
示されている。恐ろしいほどこの2つはぴったりとあっている。では，この2つには

図7.8　アメリカの科学・宇宙・技術への政府支出と首吊り自殺者数の相関関係

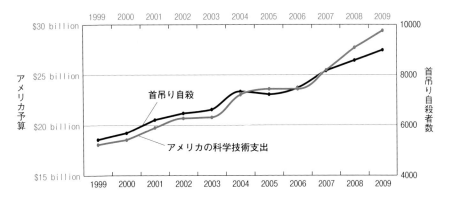

（出所）　Tyler Vigen "Spurious Correlations".
http://tylervigen.com/spurious-correlations

何らかの因果関係があるのだろうか。当然ながら，この2つがぴったりとあっているのは偶然にすぎない。こんなにピッタリとあっているものがあるのかと思われる人もいるだろう。

　こうした相関関係ばかりを集めたウェブサイトがある。タイラー・ヴィーゲンのSpurious Correlations というものだ（URL は図の下にある）。このサイトに行くと，「俳優のニコラス・ケイジの年間映画出演本数とプールの溺死者数」，「ミスアメリカの年齢と暖房器具による死者数」などユニークな，しかし全くの偶然でできた相関関係が集められている。ただ，このサイトは英語なので，日本語では中室牧子・津川友介（2017）『「原因と結果」の経済学』（ダイヤモンド社）が他の事例なども入れながら詳しく紹介しているので，読んでみるといいだろう。

　最後にもう一つ気をつけないといけないのは逆の因果関係だ。たとえば，次のような例だ。

　・自分の住んでいる街の店が最近減ってきた，それが原因で人口が減ってきている。

　この場合，店の減少は住む場所としての魅力が少なくなるので，人口減少の原因になりそうで因果関係がありそうだ。しかし，ここでこれが逆の因果関係ではないかと疑ってみる必要がある。つまり，人口が減少しているから，それが原因で店が減っているのではないか，ということだ。この2つのうちどちらの因果関係の向きが正しいのかは一概には言えない。こうした逆の因果関係の事例も多く見られる。「消防士が多いから，火事が大きくなる」「警察官が多いから犯罪が多くなる」などは代表的な逆の因果関係の事例だ。

このコラムで見たように相関関係と因果関係をしっかりと分けて理解することが重要だ。政策やビジネスの世界でもビッグデータを扱うことが増えているが，相関関係を因果関係と混同すると誤った政策やビジネス戦略を取ることになってしまう。

◆ 練習問題

問 7.1　次の文の空欄に最も適切な語句を入れなさい。

　企業の費用には売上にかかわらず必ずかかる[　①　]がある。土地や生産設備の費用である。これに加えて，生産量の変化に応じて増減する費用である[　②　]がある。原材料や人件費などがこれにあたる。

　最も企業が利潤を大きくできるのは限界[　③　]が[　④　]と等しくなる点である。この[　④　]曲線とは供給曲線である。

問 7.2　次の表から限界費用を求めなさい。

クレープ(枚)	総費用	固定費用	可変費用	限界費用
0	400 円	400 円	0 円	] ①
1	410 円	400 円	10 円	] ②
2	430 円	400 円	30 円	] ③
3	470 円	400 円	70 円	] ④
4	550 円	400 円	150 円	

問 7.3　以下の生産者余剰についての説明のうち，誤っているのはどれか。

① 生産者余剰は，市場価格と限界費用曲線の差である。

② 生産者余剰は，生産者が市場に参加することから得られる便益を測る尺度である。

③ 生産者余剰は，利潤である。

④ 上記 3 つの選択肢は，全て間違いである。

第8章

なぜ完全競争市場が望ましいのか
——「余剰」分析

- ■ 8.1 なぜ完全競争市場が望ましいのか
- ■ 8.2 完全競争市場の条件とは何か —— 所有権と共有地の悲劇
- ■ 8.3 完全競争市場に代わりうる交換方法はあるか
- ■ 8.4 完全競争市場と効率性 —— パレート最適
- ■ 8.5 税金がかかると総余剰はどうなるか
- ■ 8.6 まとめ

前章まででようやく市場，特に完全競争市場を分析する道具が全て揃った。本章では完全競争市場の社会にとっての意味を考えてみる。その上で，政府の税金は市場にどんな影響を与えるのかを考えてみる。

この章のポイント 👇

- ここまで消費者余剰と生産者余剰を見てきたが，どうして市場での交換は社会全体にとっていいと言えるのだろうか？
- 市場での交換がうまくいくための前提条件は何か？
- もし市場での交換が最も効率的であると言えるとすると，その判断基準は何か？ どうしたらそのように言えるのか？
- 市場がもし効率的であるとしたら，税金は市場にどんな影響を与えるのだろうか？

8.1 なぜ完全競争市場が望ましいのか

ここまで完全市場では市場はどう動いているかを見てきた。第5章では消費者余剰を，そして第6-7章では企業の行動に着目し生産者余剰について見てきた。いよいよ，これまで別々に扱ってきた消費者と企業を同じ舞台の上

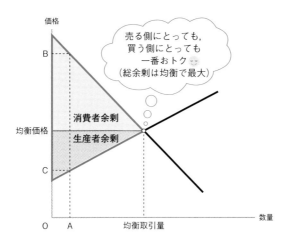

図8.1　総余剰＝消費者余剰＋生産者余剰

で位置づけてみたい。図 8.1 はこの 2 つを同じ図の中に入れたものである。消費者余剰と生産者余剰を合わせたものは総余剰と呼ばれる（青い線で囲まれた三角形の部分）。これは消費者と企業にとってのトクを表している。つまり，これは社会全体にとってトクになっていることでもある。そのため総余剰と呼ばれている。

●均衡で最大になる総余剰

　この図で一番大切なのは，この総余剰が完全競争市場の均衡で最大になっているという点だ。つまり，完全競争市場の均衡では消費者にとっても，生産者にとっても，社会にとっても最もトクな望ましい状態になっているということだ。最大というのは，この均衡の場所以外では総余剰の面積が小さくなってしまうからだ。本章の最後で具体的に均衡となっていない時にどのように面積が小さくなるか詳細に検討していくが，ここで簡単に示しておこう。

　今，均衡取引量より少ない A で取引が行われているとしよう。この時，消費者が支払ってもいいと考えている価格は B である。それに対して，企業のコスト（限界費用）はそれよりもずっと低い C である。この場合，何が起こるだろうか。企業としてはもっと売った方がトクになるだろう。限界費用よ

りずっと高い価格で消費者が買ってくれるのだから。ということは，均衡取引量に向かってＡから右に進んでいった方がトクになる。つまり総余剰は右に進めば大きくなり，Ａでは最大ではないということだ。

　先ほどのＡの取引量のように均衡から外れるケースというのが実際の経済の中にはある。そうしたケースを後で検討していく中で総余剰の面積がどう変化してしまうのか見ていただきたい。そうした均衡から外れるケースというのはこれまで登場してきていなかった「政府」が市場に介入してきた時などに起こるものである。

●総余剰から分かること

　さて，ここまで見てきた総余剰から分かる市場の重要な特徴は次のようなものだ。もし「競争市場が完全であるならば」，市場の資源配分メカニズムが働き，自然とアダム・スミスのいう「見えざる手」によって，モノやサービスが十分に行われ，それが必要な人に行き渡るということである。それぞれの人が誰かのためになろうとしなくても，自分や企業の私益・利潤を追い求めることにより，結果的にそれが社会のためになっているということである。ただ，完全競争市場はいつでも成立しているわけではない。むしろ，完全競争市場とは異なる状況が我々の日々の生活であるといってもおかしくない。

　第２章で述べたとおり，完全競争市場には３つの仮定があった。おさらいしておこう。

1. 消費者（家計）は合理的に選択をする
2. 企業は利潤をできるだけ大きくしようとする
3. 市場では競争が行われている（企業や個人は価格受容者（プライス・テ

ーカー）である）

　実際，限界支払い意欲，限界費用から消費者余剰，生産者余剰を導きだし
た議論の中でも価格は市場で決められていた。企業や消費者はいわば受身的
にそうした価格を受け入れ，対応を迫られていたのだ。

　そしてこのような3つの仮定とは別に，完全競争市場が成立する大切な前
提もある。次の節ではそれを見ていこう。

8.2　完全競争市場の前提とは何か
──所有権と共有地の悲劇

　完全競争市場が成立する大切な前提というのは，自分のモノは自分の所有
物という権利（所有権）が保障されていることだ。個々の財に所有権が認め
られているということである。所有権があるということはそれを「使う権利」
と「処分する（売る）権利」の両方があるということだ。

●所有権の重要性
　消費者も企業も利潤などのインセンティブに応じて販売や消費をする。こ
こで大切なのは，所有権が自分のものにならなければとっても困る点だ。た
とえば，企業が投資した施設を国が勝手に接収して国営化してしまう場合を
考えてみよう。途上国ではこうしたことが起こることがあったが，企業にと
ってはリスクが高すぎて経済活動の妨げになっていた。自分のものになると
いう確証があるからこそ，利潤動機をもとにした市場経済が機能するわけだ。

　もし，頑張っても自分のものにならないのであれば，利潤動機が働かない
のでうまく市場が機能しなくなってしまう。もちろん，自分のものになるの
は利潤だけではない。その損失も自分のものになる。しかし，だからこそ民
間企業は決定を慎重に行うし，成功するために（あるいは失敗を避けるため
に）様々な努力をするインセンティブも起こるのだ。

●共有地の悲劇

それだけではない。所有権がきちんと設定されていなければ共有地の悲劇と言われる現象が引き起こされてしまう。共有地というのは複数の人で一緒に所有していたり，あるいは誰でも使用可能な状態になっていたりする土地のことで，共有地は私有財産ではない。

たとえば，魚が多くいる湖が共有地となっているとすると，どんなことが起こるだろうか。この湖にいる魚は誰のものでもない。漁師にとっては，できるだけ多くの魚を他の人より先にとりたいと思うだろう。自分がとらなければ，別の人がとるに違いないからだ。そうすると，結果的にこの共有地の魚はとりつくされてしまうことになる。共有地というと，言葉の響きはよさそうだが，所有権が決まっていないことから，魚が湖からいなくなってしまうというような悲劇を引き起こしてしまうのだ。

8.3　完全競争市場に代わりうる交換方法はあるか

ここまで見てきたように価格による完全競争市場は効率的な経済を生み出し，総余剰を最大化するという意味ではすばらしいシステムと言えるだろう。ただ，これは他のやり方と比較して考える必要があるだろう。価格による交換以外ではどんな交換方法があるだろうか？　以下では抽選方式と先着順方式の２つの方法を検討してみよう。

●抽選方式

１つ目の方法は抽選によるものだ。たとえば，人気のあるアーティストのコンサートのチケットやゲームなどは抽選で当たったら購入できるようになっている。この場合，抽選で当たった人は熱心なファンではないかもしれない。逆にすごく熱心なファンで，より高いチケット金額を払ってもいいと思っている人は抽選によって残念ながらそのコンサートを見られないという状況になってしまう。

こうした状況は本来望ましいものではない。なぜなら，そのコンサートに

何としてでも行きたいと考えている人（だから高い価格を払ってもいいと思っている人）がコンサートに行けなくなり，逆にそんなに関心はないけれど抽選で当たったという人がコンサートに行くことになるからだ。

●先着順方式

次に，先着順で誰でも医療サービスが得られる場合はどうだろうか。これは社会保障制度として，すばらしいように見えなくもない。なぜなら医療サービスを得たい場合にはただ並びに行けばいいからである。

この場合，時間に余裕のある人は並んで自分の番まで診察を待つことができるが，仕事や家庭で忙しくお金を払ってでも早く診察を受けたいという人は，そもそも診察をあきらめるしかなくなってしまう。あるいは重篤な場合にだけ診察を受けることになり，より早期の段階で必要な診察を受けることができなくなってしまう。

先着順よりも，市場において診察費を徴収することにより，患者はより早く仕事に戻れたり，あるいは家族のケアや子供の世話など家の仕事に戻れたりすることになる。順番を待っている間の時間は個人としても社会としても無駄な時間となってしまう。また，病院側もこうして得られた収入により，より充実した医療を提供することができ，また，医師の雇用も広がるだろう。

つまり，抽選や先着順よりも価格による交換の方がより望ましいということだ。

8.4　完全競争市場と効率性——パレート最適

ここまで完全競争市場は総余剰が最も大きいので望ましいと議論してきた。同時に完全競争市場は最も効率的でもあるとも言われる。この「効率的」であるということは具体的にどういう状態だろうか。

完全競争市場における資源配分が最も効率的な状態にあると言えるのは，それがパレート最適（パレート効率的）であるからだ。突然，聞きなれない

言葉が出てきて面食らった人もいると思う。パレートというのはこの概念を提起したイタリアの経済学者，ヴィルフレド・パレートの名前から来ている。パレート最適というのは，誰かが自分の満足度を上げようとすると，他の人の満足度が犠牲になるという状態である。つまり，それ以上に状況を改善することが難しい，すなわち最も効率的な社会になっていると考えるのだ。

●パレート最適の 3 つの条件

　ここでパレート最適になっているという時には次の 3 つが効率的になっていることが条件とされている。それは①交換の効率性，②生産の効率性，③生産物構成の効率性である。

　交換の効率性というのは，作られたモノを欲しいと思う人が市場で交換することによって得られるということだ。コメが欲しい人にはコメが，小麦粉が欲しい人には小麦粉が渡ることが必要だ。特に社会主義的に農業生産を行ってきた途上国などでは，国が国民に安い値段でこうした作物を配給してきた。格差の発生をなくす意図だが，多くの場合，きちんと分配されず倉庫で腐ってしまう，あるいは保管中にネズミなどに食べられてしまうなどの問題があった。政府が管理しているので対応が硬直的で，交換が効率的でないのだ。

　生産の効率性というのは，その国や企業が持つ人材や原材料をフルに活かして効率的にモノを生産できることだ。最も効率的に生産がされていれば図 8.2 の A 点や B 点のような生産可能性曲線の一番外側の曲線上で生産が行われる。しかし，現実には生産を効率的にするのはたやすくはない。途上国の企業の倉庫などに行くと材料などが乱雑などに置かれていたりする。何がどこにあるか分からないほどである。そうすると，せっかくの材料や人材を効率的に活かして生産することが難しい。そうした場合の生産は図 8.2 の X 点のような場所で行われたりする。そのため，途上国支援というのは X 点から A 点や B 点のような生産が効率的に行われる場所にシフトするのを助ける支援であることが分かる。

　最後の生産物構成の効率性とは，市場の変化に応じてすぐに生産物が生産されるということだ。たとえば，新型コロナ禍が発生し，対応するためにマスクや人工呼吸器が急に必要になった。それ以前には新型コロナ禍以後ほど

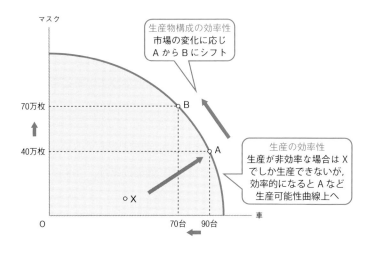

図8.2　パレート最適と生産可能性曲線

マスク

生産物構成の効率性
**市場の変化に応じ
A から B にシフト**

70万枚　○ B

40万枚　　　　　　　　　　○ A

生産の効率性
生産が非効率な場合は X
でしか生産できないが，
効率的になると A など
生産可能性曲線上へ

○ X

O　　　　　　70台　90台　　　車

には必要とされていなかった。こうした急な必要に対して，すぐに他の生産物から市場が必要とする生産にシフトしていく効率性のことである。図8.2でいえば A 点から B 点にすぐシフトし，車の生産が減少しマスクの生産が増加できることである。

　完全競争市場では，こうした 3 つの条件が満たされ効率的な状況になっているのだ。

> **ここがポイント！** 🖐
> 　完全競争市場における資源配分が最も効率的な状態にあると言えるのは，それがパレート最適であるからだ。

8.5　税金がかかると総余剰はどうなるか

　ここまで完全競争市場では総余剰が最大になり，効率的であることを見てきた。この完全競争市場は消費者と企業だけがプレーヤーであった。では，

この状況に経済の第3のプレーヤー，政府が入るとどうなるだろうか。

　第4章で課税の目的を価格弾力性とともに検討した。さて，課税をすると
どんな影響があるのだろうか。消費税や酒税などの例を考えてみよう。課税
されると価格が上がる。たとえば消費税率は1989年の導入当初は3%だっ
たが，2022年現在，10%となっている（ただし，酒類・外食を除く飲食料
品などの軽減税率対象物は8%）。ということは，たとえば10万円の自転車
（ロードバイク）が1989年以前は10万円の支払いで済んでいたが，消費税
3%がかかると10万3000円の支払いが必要になり，3000円支払い額が
高くなったのだ。そして，現在は11万円の支払いが必要だ。消費税導入前
に比べれば1万円支払い額が高くなった。

●総余剰の図での検証

　上で見たように課税ということは，消費者にとっては価格が上がるという
ことを意味する。では，これは市場にどのような影響を与えるのだろうか。
図8.3でその影響を検証してみよう。

　まず，ここでは1つのモノにつき100円の税金がかかるようになったと
する。これは販売する量に応じて税額が決まるので従量税という。たばこ税，
酒税などはこれにあたる。またここで扱っている需要曲線は傾きが急である。
つまり価格が変わってもあまり需要に影響の出ない非弾力的な需要曲線にな
っている。第4章で述べたたばこや，お酒などがそうだ。

　そうすると先ほど議論したとおり，消費者にとってはモノ1つ当たりの価
格が100円上がるのと同じとなる。この場合，供給曲線は100円分だけ上
にシフトする（供給曲線Aから供給曲線Bへ）。これにより，需要曲線と交
わる場所（均衡点）が移動する（「市場均衡」から「課税後の均衡」へ）。均
衡点がシフトしたことで，均衡価格は高くなる。これが消費者の支払う税込
価格だ。また，値段が高くなるので販売量が減少する。

　この場合，余剰はどうなっているだろうか。直感的に分かるように，こう
した動きは消費者にはあまり望ましくない。課税されて値段が上がって高い
値段を払わないといけないのだから当然だ。それを裏付けるように図の中で
消費者余剰はかなり小さくなっている。上側にある水色のみの三角形の部分

図8.3 需要が非弾力的な財への課税の影響

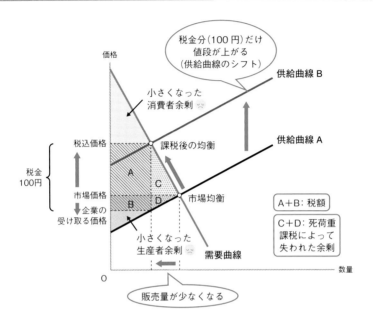

に追いやられてしまっている。課税前の消費者余剰には「A」および「C」という部分もあった。この部分の余剰がなくなってしまっているのだ。

　企業はどうだろうか。まず、企業が受け取る収入は税込価格ではない。税込価格から税金（このケースでは100円）が政府によって差し引かれる。その差し引かれた金額が図の「企業の受け取る価格」だ。税込価格からちょうどマイナス100円した金額である。つまりこうだ。

　　税込価格＝企業の受け取る価格＋税額

税込価格から100円の税金を取られるので企業の受け取る価格は市場均衡の時よりも低くなる。受け取る価格が減り、生産者にとってのトクな部分は減るので生産者余剰は小さくなってしまい灰色のみの三角形の部分となっている。課税前の生産者余剰には「B」および「D」という部分もあった。この部分がなくなってしまったのだ。

　ここで税額というのは斜線部分（AとBを足した部分）の四角形となる。

なぜなら，AとBのタテの長さは100円（税金）であり，ヨコの長さは販売量（個）になるからだ。

> 納税額 ＝ 税金（このケースでは100円）× 販売量

ここで問題になるのは「誰がこの税金を払っているのか」だ。次にそれを考えてみよう。

●誰が税金を負担するのか

　商品に税金がかかったので消費者が全てこの税金を支払ったと考えがちだがそうではない。消費者の反発を招く可能性もあり，企業にとってはなかなか税金分を消費者にそのまま転嫁して価格は上げにくい。そのため，企業が負担する部分も出てくる。税額を誰が負担するかは市場均衡からどのように価格が動いたかを見ればよい。

　税込価格は市場価格より上がっている。市場価格より上の斜線部分が消費者が負担した納税額だ。これは図8.3で「A」となっている部分だ。もともとは消費者余剰の部分であった。逆に企業の受け取る価格は市場価格より下がっている。この下がった部分が企業の負担した納税額になる。図の「B」の部分だ。

　この消費者の負担部分（A）と，企業の負担部分（B）の面積を比較すると消費者の負担している部分の面積が大きい。つまり，消費者の負担が企業の負担よりも多いということが分かる。たばこやお酒など値段が上がっても消費者の需要が大きく変わらないものについては，消費者に価格転嫁しやすく，その税金は消費者が負担しているということになる。

　少しページを戻して図8.1と図8.3の余剰の面積を比べてみて欲しい。これを比較することで，「完全競争市場において総余剰は均衡で最大化する」ということの意味がよく分かるからだ。課税されることによって，その総余剰の面積が小さくなってしまっている（図8.3では小さくなった消費者余剰と生産者余剰をあわせたものが総余剰となる）。ただ，無駄に小さくなっているわけではない。税金として収められ，使われているからだ。この税金により社会保障などの費用が賄われている。

●死荷重とは何か

　ここで，問題になるのが「C」と「D」という部分だ。それぞれ，消費者余剰と生産者余剰であった部分だ。この2つの部分を死荷重（あるいは死重損失）という。死荷重というのは物理学や土木などで使われる言葉だ。税金という重みによって，無駄な部分が生じたことを意味している。この部分は税金になるわけでもなく，もともとの余剰から失われてしまったものだ。また，これは税金がかかったことにより価格が上昇したので，モノの販売量が少なくなり，原材料が使われなかったり，人件費が無駄になったりと非効率になってしまっていることを表す。

　こうして税金がかけられて市場の価格が変化したことにより，非効率が生じたわけだが，税金はない方がいいのだろうか？　税による政府が果たす役割には格差に対する所得の再分配など重要な役割がある。だから税が不要であるとは言えない。ただ，非効率が生じてしまうということは課税にあたっては考慮しないといけない点だ。

> **ここがポイント！** 🔍
>
> 　たばこやお酒などの需要が非弾力的な財に課税する場合，税の負担の多くは消費者に転嫁される。また，死荷重が発生して非効率になる問題がある。

●ぜいたく品に課税したら？

　次に，ブランド品や宝石などの需要が弾力的な財に課税をしたらどうなるか，図8.4で検討してみよう。

　宝石などは価格が上がると消費者は買わなくなる，あるいは他のモノ（代替財）を買うようになり（たとえば，ダイヤモンドの代わりに腕時計を買うなど）需要が大きく減少する。そのためこの図では需要曲線の傾きは緩やかな形になっている（図8.3の需要曲線と比較しながら見ていただきたい）。この場合，販売取引量が大きく落ち込んでいる。そして特徴的なのは次の2つだ。

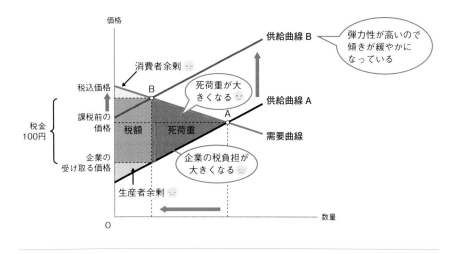

図8.4　需要が弾力的な財への課税の影響

価格

供給曲線 B

弾力性が高いので
傾きが緩やかに
なっている

消費者余剰

税込価格

B

死荷重が大
きくなる

供給曲線 A

課税前の
価格

A

税金
100円

税額　死荷重

需要曲線

企業の
受け取る価格

企業の税負担が
大きくなる

生産者余剰

数量

O

① 死荷重が大きくなった

② 企業の税負担が大きくなった

　死荷重が大きくなり，非効率さが大きくなってしまう。ということは，こうした需要の価格弾力性が高い財に課税をすることは経済全体に負担がかかることになる。

　また，弾力性の高いモノの場合，消費者は税金がかかって税込価格が高くなるとすぐに買い控えるか，別のモノを買う方向に流れていってしまう。そのため，企業にとってはこうした税金を価格に転嫁しにくく，企業がその負担を負うことになってしまうということも分かる。

ここがポイント！

　ブランド品や宝石などの需要が弾力的な財に課税する場合，企業の税負担が大きくなる。また，発生する死荷重も大きくなる。

8.6 ま と め

　本章においてはこれまで議論してきた消費者余剰，生産者余剰から総余剰を導きだした。この総余剰は完全競争市場において最大となることが分かった。また，完全競争市場はパレート最適であることから効率的であることも見た。

　その上で，課税の効果を2つのケース（弾力的なモノ，非弾力的なモノ）で検討してきた。いずれの場合にも完全競争市場に比べ非効率になる。また，価格が上がることに消費者がどう反応するかによってその負担を誰がするかが違ってくる。税の目的が十分にその負担に応えるものかをよく検討する必要が出てくると言っていいだろう。

　次章では別の形の政府の経済への介入を取り上げる。最低賃金などの価格規制は，経済にどのような影響を与えるのだろうか。その上でなぜ政府は経済に介入する必要があるのか格差問題から考えていきたい。

　本章のポイントをまとめておこう☞。

- ・ 完全競争市場が望ましいと言えるのは，消費者余剰と生産者余剰を足した総余剰が均衡で最大になるからだ。これは最も効率的になっているということを意味する。
- ・ 所有権が確定していなければ，共有地の悲劇が起きてしまう。所有権は市場が機能する大前提だ。
- ・ 誰かが自分の満足度を上げようとすると，他の人の満足度が犠牲になる，つまり，もうこれ以上には状況を改善することが難しい状態をパレート最適という。
- ・ 課税すると，死荷重が発生する。つまり，非効率が生じる。弾力性の違いによって，税をより多く負担をするのが消費者なのか生産者なのかが変わってくる。非弾力的な時には消費者の負担が大きくなり，弾力的な時には企業の負担が大きくなる。

本章のキーワード

総余剰　　　　　　　　　　　　所有権

共有地の悲劇　　　　　　　　　抽選方式

先着順方式　　　　　　　　　　パレート最適（パレート効率的）

交換の効率性　　　　　　　　　生産の効率性

生産物構成の効率性　　　　　　従量税

死荷重

◆　練習問題

問 8.1　総余剰についての以下の説明のうち，誤っているものはどれか。

① 総余剰は，消費者余剰と生産者余剰の合計である。

② 総余剰は，社会の経済厚生の尺度である。

③ 総余剰は，市場均衡で最大となる。

④ 総余剰は，需要を超える供給が行われ，モノが市場にあふれている状況を指す。

問 8.2　国家財政が危機に陥ったＡ国では税金を徴収するため，様々な税を導入することにした。需要が非弾力的な財と，弾力的な財に対する税についての以下の説明のうち，誤っているものはどれか。

① 需要が非弾力的な財（酒，たばこ）などに課税をした場合，死荷重が発生する。

② 需要が弾力的なぜいたく品に課税をした場合，ぜいたく品なのでその税負担は主に消費者に転嫁することができる。

③ 需要が非弾力的な財に課税をした場合，需要はあまり減らない。

④ 課税をした場合，消費者余剰も生産者余剰も課税前よりも小さくなる。

問 8.3　パレート最適についての以下の説明のうち，誤っているものはどれか。

① パレート最適とは，他の誰かの状態を悪化させることなしには，誰か１人の状態をも改善することが不可能な状態を指す。

② 完全競争市場は，パレート最適である。

③ パレート最適な状況では，完全競争市場によりさらに効率的にすることが可能である。

④ パレート最適になるには，「交換の効率性」，「生産の効率性」，「生産物構成の効率性」の３つの条件が満たされなければならない。

第9章

完全競争市場への政府の介入

- ■9.1 価格の下限規制の経済への影響——最低賃金
- コラム 最低賃金引き上げは雇用を減らすのか
- ■9.2 価格の上限規制の余剰分析
- ■9.3 完全競争市場と平等はどんな関係にあるのか
- ■9.4 まとめ

　前章で完全競争市場は総余剰が最大化になること，そしてパレート最適を満たす効率的な経済であると述べた。しかし，その一方で完全競争市場は完全な平等を意味しない。インセンティブがあるということは，ある程度の不平等が前提となっているからだ。第2部では市場の失敗と政府の役割について議論するが，その前にもう少し完全競争市場に政府が介入したらどんなことになるか見ておこう。

　前章では政府の市場への介入の事例として課税を挙げた。政府は税収によって教育や社会保障などを行う重要な役割があるが，一方で課税は経済の効率を下げる（死荷重の分だけ）。

　この章では，別のパターンの政府の市場への介入の影響を見よう。それは最低賃金などの価格規制である。本来，市場で決まるべき価格を政府が規制するとどんな影響があるのか。本章ではこうした価格規制から見ていきたい。

> この章のポイント
>
> ・完全競争市場で総余剰が最大になる。しかし，均衡価格である賃金が安い場合に，最低賃金（価格の下限規制）を導入したらどうなるのだろうか？
> ・逆に，マンションの家賃が高すぎる場合に，上限規制を導入したらどうなるだろうか？
> ・完全競争市場では総余剰が最大になり，パレート最適な状況になるが，これは格差とはどう関係するのだろうか？

9.1 価格の下限規制の経済への影響——最低賃金

　完全競争市場においては，最も効率的な価格と取引数量は市場で決まる。そして，企業も消費者もプライス・テーカーとしてそうした価格に対応して，消費や販売・供給という判断をしているのだった。しかし，そうした効率的な価格が社会的には高すぎるため，貧困層が生活に困ったり，逆に市場での価格が低すぎて（たとえば賃金が安すぎて）生活ができなかったりすることもある。

●価格規制とは何か

　そのような場合に，政府が市場に介入して価格をコントロールすることを価格規制という。この規制には2種類ある。価格が高くなりすぎないように天井（それ以上，価格が上がらない上限価格）を設けることを上限規制という。世界的に多いのは家賃の規制だ。高くなりすぎると住めない人が多くなるため上限規制を設けるのだ。

　逆に価格が低くなりすぎないようにする介入を下限規制という。図9.1はこの下限規制の場合のグラフである。下限規制というと，図の下の方に設定金額がきそうなイメージあるが，実際は逆で均衡価格よりも上にくる。市場で決まる価格が低すぎるから，ある一定以下に価格や賃金がならないように政府が設定するのが下限規制だ。だから，図のように均衡価格よりも上に設定される。

●最低賃金の導入で超過供給に

　この下限規制によって図9.1のように均衡価格より上に最低賃金などの下限規制のかかった金額がくる（たとえば東京都の最低賃金は1072円（2022年）だ。なお，最低賃金は地域によって異なり高知や沖縄の2022年の額は853円である）。

　この時，価格は上がっているので超過供給の状況になる。均衡価格よりも賃金が上がっているので，アルバイトをしたいと思う学生が増えるだろう。これは労働供給にあたるので，供給曲線で表されている。一方，アルバイトなどに対する企業側からの需要は需要曲線だ。下限価格と需要・供給曲線の

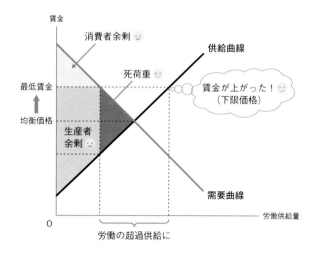

図9.1 下限規制の経済への影響

交わるところでアルバイトなど労働に対する需要量と供給量が決まっている。価格が高くなっているので，次のように労働の超過供給の状態になっている。

労働供給量	>	労働需要量
（賃金が良いから働きたい）		（賃金が高いので雇用を減らす）

●下限規制の余剰分析

　この下限規制では余剰はどうなっているだろうか。まず，消費者余剰は需要曲線と最低賃金で囲まれた水色の三角形の部分だ。なお，最低賃金の議論の場合はアルバイトや労働者を雇用（需要）するのは企業だ。したがって，消費者余剰はここでは企業の余剰である。本来よりも高い賃金を支払っているので，消費者余剰は小さくなっている。

　一方，労働を供給するアルバイトや労働者側の余剰が生産者余剰だ。これは供給曲線の上の薄い灰色に塗られている部分全てである。生産者余剰は大きくなっている。そして，最低賃金が導入されたことによって失われた余剰分が，濃い灰色で示した死荷重の三角形の部分だ。これが価格規制の導入に伴い生じた非効率な部分である。

この非効率とは何だろうか。労働の超過供給になっているというのは，つまり失業が生じてしまうということだ。均衡価格より賃金が高くなっているので多くの人が働きたいと思っている。しかし，企業にとっては人を雇うコストが高くなることを意味する。これまでよりも人を減らすしかなくなる。つまり，雇用が減少してしまうのだ。中小企業などで，上昇する人件費を支払えない企業は市場から淘汰され倒産してしまうかもしれない。その場合，この企業が倒産したことにより，さらに雇用が減少することになる。つまり，賃金が上昇することはいいが，一方で全体として失業をしてしまう人も増えるということだ。

　ここでは下限規制を考えているが，この下限規制が何らかのモノ（商品）に対してであったなら（たとえば，パンの価格下限規制など）商品の在庫が倉庫に積み上がってしまうことになる。価格が高いから供給は多くなるが，消費者は買いたがらないからだ。

コラム　最低賃金引き上げは雇用を減らすのか

　ここ数年，最低賃金が注目されている。働き方改革実行計画の一環ということもあるが，物価が上昇しているので，賃金が上昇しないと実質的に生活レベルが悪化することになるからだ。これまで長く，公労使（学者，労働組合，経営者）の代表委員からなる中央最低賃金審議会が中心となって最低賃金を決めてきた。しかし，2016年ごろから政府が掲げた目標に沿って伸びる「官製賃上げ」に変質しつつある。

　こうした中で，最低賃金の引き上げの雇用への効果について改めて注目が集まり実証研究が進み，様々な研究結果が出ている。国内においても雇用にマイナスの影響が出たという研究がある一方，マイナスにはならなかったという研究もある。

　こうした中で，2021年にはこの分野の研究者であるデービッド・カードがノーベル経済学賞を受賞した。カードの1994年の研究はアメリカのペンシルベニア州東部とニュージャージー州（隣り合っているが，後者のみ最低賃金が引き上げられた）を比較研究した結果，最低賃金を上げても雇用が減少しないケースもあることを明らかにした。

　最低賃金の引き上げが雇用を減らさない理由として，企業が賃金を決定する力を持つ状態（モノプソニー）が今日の労働市場に成立しているという仮説が注目されており，現在，実証研究が行われている。

図9.2　上限規制の余剰分析

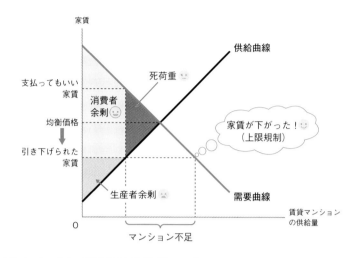

9.2　価格の上限規制の余剰分析

　今度は価格の上限規制について考えてみよう。上限規制が何かについては前節において下限規制と対比させながら説明した。ここでは図 9.2 でその効果を考えてみる。上限規制は家賃などの価格が上がりすぎて人々が困らないようにするための政策である。そのため，均衡価格以下で価格が設定される。先の下限規制と反対だ。この上限規制により賃貸マンションの家賃が下がった場合が図 9.2 の「引き下げられた家賃」に示されている。

　均衡価格より安くなった家賃であればぜひマンションを借りたいという人（需要）も多くなる。一方，マンションを貸す方（供給）から見ると本来であれば得られる家賃が規制によって安く抑えられてしまっている。そのため，マンションを貸そうと思う人は少なくなる。このため，安く抑えられてしまった家賃では需要と供給の間にギャップができることになる。超過需要で，マンションが不足する状況になる。

●上限規制の余剰分析

　では上限規制では余剰分析はどうなっているだろうか。死荷重が出ている

のは下限規制と同じだ。マンション不足になっているので，そうした非効率な部分が出ているのだ。異なるのは，消費者余剰と生産者余剰だ。消費者余剰が大きくなり，生産者余剰が小さくなっている。前節では賃金を事例としたが，この場合は賃貸マンションなので，住める人に対して消費者余剰が生じる。需要曲線が支払ってもいい家賃なので，その下から安くなった家賃までの水色の部分が消費者余剰だ。

　一方，マンションを貸す側は供給側なので生産者余剰が問題になる。家賃が引き下げられてしまっているので，マンション賃貸にしてもいい家賃（供給曲線）の上の薄い灰色の三角形の部分だけしか生産者余剰がない。

●上限規制の長期的な効果

　家賃の上限規制については，長期的にマンション不足がより進行する可能性がある。4.5節でマスクの供給曲線が短期と長期では価格弾力性が異なることを見た。マスクの場合には短期的には工場設備に限界があるので急に生産量を増やせなかった（非弾力的）。しかし，長期的には設備を整備して生産量を増加させることができるようになるのだった（弾力的）。これと同じように，賃貸マンションの場合も短期と長期の供給曲線の弾力性は変わってくる。

　政府が家賃の上限規制を導入すると，賃貸から得られる収入が減ってしまう。そのため，新たにマンションを作る際に賃貸としてではなく分譲マンションとして売り出されるかもしれない。また，賃貸マンションも中古マンションの販売に切り替えるところも出てくるだろう。そうすると長期の供給曲線はより上限規制に反応して賃貸マンションの供給が減少しやすい弾力的なものになってくる。この長期の供給曲線は図9.3に示されているとおり，傾きがより緩やかな，したがって弾力的な供給曲線になる。

●長期的に供給量が変わる

　そうすると，変わってくるのが供給量だ。引き下げられた価格で供給される賃貸マンションの供給量は短期の時よりも図9.3のように少なくなる。短期では「短期的不足」と書かれているだけマンションが不足していたが，長期になると，さらにその不足量が増える。先ほど述べたように，分譲マンシ

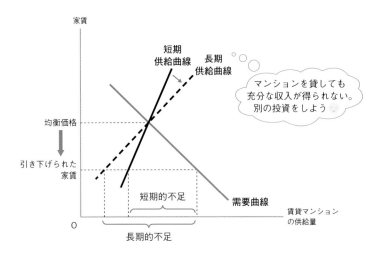

図9.3　上限規制の長期的な効果

家賃

短期
供給曲線

長期
供給曲線

マンションを貸しても
充分な収入が得られない。
別の投資をしよう

均衡価格

引き下げられた
家賃

短期的不足

需要曲線

賃貸マンション
の供給量

0

長期的不足

ョンや中古マンションとして扱われる物件が増えるからだ。

　こうなると，確かに家賃は安いが，そもそも賃貸で住める物件が見つからないという，より深刻な問題が発生する。以前は高い金額を支払えば住む物件は確保できた。しかし，上限規制が課されたことにより，賃貸マンションを見つけるのが困難という，より困った状況になるのである。そして不足量が増えているということは経済の効率性がさらに損なわれているということである（死荷重の面積もより大きくなる）。

　ここまで見てきたように，上限規制の場合も下限規制と同じく総余剰が減少し，効率が損なわれていることが分かる。また，長期的には賃貸マンションの供給量が減る。したがって実際に家賃規制などの政策を取る場合には，こうした非効率が生じるコストと，生活に必要な住む場所を得られる人が増えるというベネフィットを比較する必要がある。そうしたコスト・ベネフィットを分析した上で政策を導入することが望ましい。

　　ここがポイント！

　最低賃金は，価格が高くなるので超過供給が，家賃の上限規制は，価

格が安くなるので超過需要が発生し，いずれの場合も死荷重が発生する。家賃の上限規制は長期的に賃貸マンションの供給を減らし，住みたくてもなかなか物件がないという状態になる可能性がある。

9.3 完全競争市場と平等はどんな関係にあるのか

　前章で総余剰から判断して完全競争市場がパレート最適な状況にあることを確認した。完全競争市場では資源配分が最も効率的な状態にあるということだ。ここで難しいのは「最も効率的な状態にある」ことが，そのまま平等であることを保障しないということだ。ここまで見てきたとおり完全競争市場ではインセンティブを大切にする。当然のことながら利潤追求のインセンティブが大きくなると，不平等は大きくなる。つまり，インセンティブが大きいことと，平等の間にはトレードオフがある。

　高所得者に税金をかけることは所得の再分配の意味では必要だ。しかし，一方で税金が高すぎると，より高い所得を求めるインセンティブが少なくなる。逆もまた然りである。では，格差社会と市場との関係は，どのように考えるべきなのだろうか。どこまでの格差は許されて，どこから許されないのだろうか。

●ローレンツ曲線──格差を可視化する

　まず，この格差を図示する方法をいくつか見てみよう。その一つはローレンツ曲線だ。図9.4では，横軸に貧しい世帯から左から右に順番に並べていき，その全体との比率を示している。そして，縦軸は所得の累積比（％）を取っている。つまり世帯間の所得分布をグラフ化しているわけだ。もし，その国の世帯が完全に平等であるならば，それは図の右上がりの直線のようになる。世帯の累積比が増えるにつれて，同じ比率で所得累積比も増えるからだ。これが均等分布線で45度線になる。そして右上では世帯累積比も所得

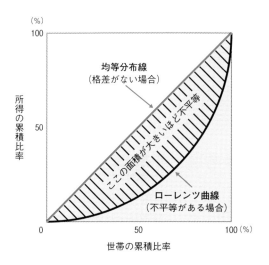

図9.4　ローレンツ曲線

所得の累積比率

100
(%)

均等分布線
（格差がない場合）

ここの面積が大きいほど不平等

50

ローレンツ曲線
（不平等がある場合）

0　　　　　50　　　　100（%）

世帯の累積比率

の累積比も100%になる。

　しかし，実際にはそんな完全に平等な社会はなく，多かれ少なかれ不平等が存在する。この場合，図のローレンツ曲線のように下に膨らんだ形になる。なぜだろうか。貧しい世帯の所得が低いため，所得額の累積比が積み上がらないからだ。逆に右の方にいくと富裕層がいるために，急激に累積比が高くなる。つまり，このローレンツ曲線が直線に近ければ近いほどその社会は平等で，下に膨らんでいるほど不平等なのである。

●ジニ係数──格差の数値化

　ただ，視覚だけではその違いがよく分からないこともある。これを数値で表現したのがジニ係数である。ジニというのは，この係数を考案した経済学者コラド・ジニの名前だ。ジニ係数は次のような式で求めることができる。

ジニ係数　＝　／　÷　△

　分子の三日月部分の面積は平等であればあるほど小さくなる。均等分布線

図9.5　世界の格差

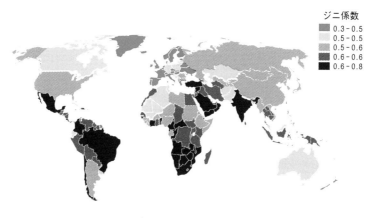

ジニ係数
- 0.3 - 0.5
- 0.5 - 0.5
- 0.5 - 0.6
- 0.6 - 0.6
- 0.6 - 0.8

（出所）　World Inequality Database 2022 [1]。

に近づくからだ。一方，分母の直角三角形は完全に平等な社会の面積を表す。このジニ係数は 0 から 1 の間の数字になるが，平等になるほど分子が小さくなるので 0 に近くなっていく。逆に格差が大きくなると 1 に近くなっていく。

　ただ，ジニ係数は全人口をグループ分けしてそれぞれの不平等を表すことが容易でないなどの欠点もあり，他にも指標が考案されている。人間開発指数（HDI: Human Development Index），アトキンソン不平等指標などだが，これらについては，巻末で紹介している黒崎・山形（2017）などで勉強してみることオススメする。

●世界の格差，日本の格差

　図 9.5 は 2022 年の世界地図をジニ係数のレベルで色分けしたものである。これで見ると，青色の地域，すなわちヨーロッパが比較的平等であることが分かる。一方，南米や南部アフリカ，中近東，南アジアなどで不平等度

---

[1]　World Inequality Database（https://wid.world ）より出力（2022 年 3 月 22 日閲覧）。以下のサイトから同じデータにアクセス可能。
https://wid.world/share/#0/countriesmap/gptinc_p0p100_z/all/last/eu/k/p/yearly/s/false/0.36082000000000003/0.8/curve/false/country

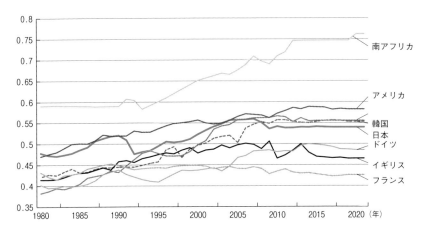

図9.6 世界各国のジニ係数の推移

（出所）　World Inequality Database 2022[1]。

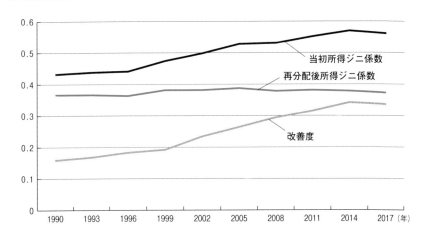

図9.7 日本のジニ係数の推移：1990-2017

（出所）　令和2年度版「厚生労働白書」のバックデータより筆者作成。
https://www.mhlw.go.jp/stf/wp/hakusyo/kousei/19/backdata/01-01-08-09.html

が高いことが見て取れる。

　また，世界各国のジニ係数の推移をグラフにしたものが図 9.6 だ。南アフリカは不平等度が高く，フランスは平等度が高い。日本に関しては 1990 年

代前半のバブル崩壊以降，格差が拡大していたが現在は横ばい状況にある。一方，アメリカ，中国，韓国のジニ係数は日本よりも高く，経済格差が大きな課題となっていることが分かる。

　日本国内のジニ係数の推移が図 9.7 である。当初所得のジニ係数は徐々に上がってきている。しかし，政府の社会保障などによる再分配後の所得でのジニ係数は安定している。再分配による改善度がよくなってきていることも分かる。これが政府の介入の効果であり，これと完全競争市場の効率を悪化させる（死荷重が発生する）こととのバランスを考えて政策を立案することが必要になる。

9.4　まとめ

　ここまでの第 1 部では経済学の基本となる完全競争市場について見てきた。しかし，現実の経済はこれまで見てきたような完全競争市場のように理想的に動いているわけではない。第 2 部で見ていくのは「不完全」競争市場だ。そして，市場が十分に機能しない場合に政府はどのような役割を果たすべきかを考えていく。

　しかし，効率的であることは必ずしも平等であることを意味しない。むしろ利益追求のインセンティブが強くなると，それだけ格差は大きくなる。問題はどこまでの格差を社会的に許容するかという問題だ。パレート最適の「誰かが自分の満足度を上げようとすると，他の人の満足度が犠牲になるという状態」の考え方でいくと，極端に言えば独裁社会で 1 人の人が全ての富を占めている場合も，パレート最適になってしまう。誰かの満足度を上げようとすると，他の人（ここでは独裁者）の満足度が犠牲になるからだ。

　市場経済の「見えざる手」では，この格差をどこまでとするのかという調整メカニズムは組み込まれていない。これがこの本の次のテーマ，第 2 部で扱う市場の失敗の分析につながっていく。ここで初めて，政府の役割が出てくる。本章のポイントをまとめておこう👆。

- 最低賃金など価格の下限規制を導入すると，価格（賃金）が上昇するので超過供給が発生する。
- 家賃の上限規制など価格の上限規制は逆に，価格が下がるので超過需要が発生する。上限・下限いずれの場合の価格規制も死荷重が発生する。
- 家賃の上限規制は，長期的には賃貸マンションの供給を減少させ，家賃は安くなるものの，そもそも住める物件がないという状態になる。長期的に供給量が変化するのだ。
- 利益追求のインセンティブが強ければ，格差は大きくなる。しかし，格差をどこまで許容するかという調整メカニズムは市場に組み込まれていない。

本章のキーワード

上限規制　　　　　　　　　下限規制
ローレンツ曲線　　　　　　ジニ係数

◆ 練習問題

問 9.1　小麦価格の高騰を受けて，A国が価格の上限規制を設定する場合に起こりそうなことは以下のどれか。
① 消費者にとって価格の上限規制があれば生活がラクになるので，価格の上限規制を導入するべきだと世論が起こった。
② 企業にとって価格の上限規制は好ましいので，価格の上限規制を導入するべきだと政府に働きかけた。
③ 消費者にとっても生産者にとっても価格の上限規制は好ましくないので，価格の上限規制は導入するべきでないと政府に働きかけた。

問 9.2　A国ではさとうきびに価格の下限規制がある。政府がこの下限規制を撤廃すると，価格はどうなるか。
① 価格は安くなり，市場での取引量が減少する。

② 価格は安くなり，市場での取引量が増加する。

③ 価格は高くなり，市場での取引量が減少する。

④ 価格は高くなり，市場での取引量が増加する。

問 9.3　以下の空欄を埋めなさい。

　ジニ係数は格差を数値化したものであり，0 から 1 の間の数字になる。この数字は平等になるほど　　①　　に近くなってくる。逆に格差が大きくなると　　②　　に近くなっていく。

第2部

市場が「失敗」する時
（不完全競争市場）

市場の失敗①——独占・寡占，外部経済

　本章から第 2 部に入る。第 1 部では完全競争市場について解説をしてきた。これに対し，第 2 部で扱うのは不完全競争市場だ。市場はなぜ失敗するのか，どんな対策があるのかを解説する。

> **この章のポイント**
>
> ・市場は失敗することがある。つまり完全競争市場の想定どおりに機能しないということだ。それはどんな状況で，なぜ発生するのだろうか？
> ・独占や寡占はどうして市場にとってよくないのだろうか？ それはどうした視点からそう言えるのだろうか？
> ・市場が機能していると見える時に，どうして公害などが起きるのだろうか？ 市場の何がいけなくて，どうすれば対応できるのだろうか？
> ・政府による規制，課税，補助金はどんな影響を及ぼすだろうか？ また，政府によらない他の解決方法はないのだろうか？
> ・エコマークや国際フェアトレード認証ラベルは市場にとってどんな意味があるのだろうか？

10.1　不完全競争市場（市場の失敗）とは何か

　第1部で扱ってきたのは市場の「見えざる手」が十分に機能している完全競争市場であった。第2章で述べたとおり，完全競争市場が機能するためには次の3点が重要だった。

1.　消費者（家計）は合理的に選択をする。そのために十分な情報を持っている（完全情報という）
2.　企業は利潤をできるだけ大きくしようとする。そのために十分な情報を持っており（完全情報），その経営から生じたコストは自社が負担する
3.　市場では競争が行われていて，そこで価格が決まっている（価格受容者，プライス・テーカー）

　第1部は，これらの仮定にもとづいて完全競争市場を分析してきた。それはちょうど，新幹線路線図のように見通しのよい地図だった。地図は3次元の世界を2次元の小さなスペースに簡略化し，行きたい場所へ行く道が分かりやすくなっているわけだ。しかし，実際に歩き出してみると急勾配があるなど，やや違ってくることもある。

　完全競争市場という経済モデルはこの地図に似ている。仮定どおりになっていないことも現実の社会にはあるからだ。次節以降，1つずつ検討していくが，3つの条件が満たされずに完全競争市場がうまく機能しないケースがある。そうした状態は市場の失敗あるいは不完全競争市場と呼ばれる。第2部で取り扱うのはこの不完全競争市場だ。そして，市場が不完全である場合には，市場がきちんと機能するように制度や規制，政府の政策が必要になってくる。この第2部では政府の役割についても検証していく。

　市場の失敗として主に扱うのは次の4つの課題だ。それは独占・寡占，外部不経済などの外部性，情報の非対称性，公共財の不十分な供給である。第10章では最初の2つ（独占・寡占，外部不経済）を扱う。第11章では，情報の非対称性および公共財の問題を扱う。

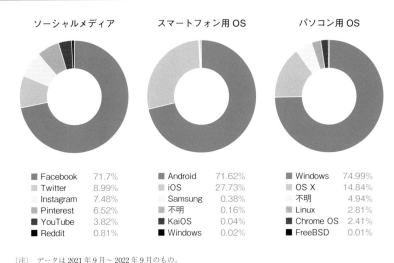

図10.1 世界シェア

ソーシャルメディア　　スマートフォン用OS　　パソコン用OS

■ Facebook	71.7%
■ Twitter	8.99%
Instagram	7.48%
▩ Pinterest	6.52%
■ YouTube	3.82%
■ Reddit	0.81%

■ Android	71.62%
■ iOS	27.73%
Samsung	0.38%
▩ 不明	0.16%
■ KaiOS	0.04%
■ Windows	0.02%

■ Windows	74.99%
■ OS X	14.84%
不明	4.94%
▩ Linux	2.81%
■ Chrome OS	2.41%
■ FreeBSD	0.01%

（注）　データは 2021 年 9 月 ～ 2022 年 9 月 のもの。
（出所）　Statcounter Global Stas のデータをもとに筆者作成。
　　　　https://gs.statcounter.com

10.2　独占・寡占とは何か

　完全競争市場の 3 つの仮定の一つにプライス・テーカーの仮定があった。市場には多くの企業や消費者などの参加者がいて市場が価格を決めている，というものだった。企業も消費者も市場で決まる価格をただ受け入れるだけで，その価格を企業が決めるということは想定されていなかった。

　しかし，実際には市場での競争が十分に行われていないこともある。少数の企業が市場を占めていて，そうした企業の価格決定権が強いケースがある。このような場合に，1 社だけが市場において供給を行っている場合を独占という。これに対し，1 社だけではないが少数の企業（3 社以上）だけが市場に供給を行っているケースを寡占という。独占状態よりは少しだけ競争が働いている。

　現在，私たちが使う身の回りのもので世界的なシェアが数社で占められているものは少なくない。代表的なものは図 10.1 のようなものだ。

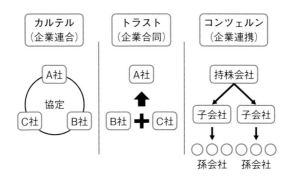

図10.2　独占・寡占の形態

カルテル（企業連合）
A社
協定
C社　B社

トラスト（企業合同）
A社
＋
B社　C社

コンツェルン（企業連携）
持株会社
子会社　子会社
○○○○○○
孫会社　孫会社

●プライス・テーカーからプライス・メーカーに

　こうした独占や寡占の場合，企業は完全競争市場の仮定どおり価格を受け入れるプライス・テーカーの立場ではない。むしろ，価格を決めるプライス・メーカー（プライス・リーダー）になってしまっている（有力企業が価格を設定し，他の主要企業がそれに追従するような場合である）。

　こうした市場を支配する独占・寡占の形態には図10.2のような3種類がある。企業がある程度の数あっても株式の持ち合いや価格協定などを通じて一緒に行動すれば市場は機能しなくなってしまい，実質的に独占や寡占となる。

　カルテルは価格や生産量について関係の企業で協定を結ぶことだ。これで競争が排除できる。トラストは生産コストを下げることを目的に，企業が合併することだ。合併そのものは問題ないが，競争を阻害するほど大きくなると独占状態になる。コンツェルンは持ち株を通じてグループ企業を実質的に支配することである。日本では戦後解体された財閥が図のコンツェルンであった。

●独占市場で高い価格に

　独占・寡占状態の企業は供給をほぼ握っているので，消費者に対して圧倒的な力がある。つまり，価格を自分で思うように決めることができるプライス・メーカー（価格決定者）となれる。独占・寡占の事例には，企業ではないが，石油のOPEC（石油輸出国機構）のように協調して石油を減産するよ

うな組織などもある。

　ここでは，独占企業が支配する独占市場について説明する。（寡占について
は巻末の文献紹介に挙げたスティグリッツ，クルーグマンなどのミクロ経済
学の教科書を参照して欲しい。）独占市場では独占企業はどのように価格や
生産量を決めるのだろうか。第7章で述べたとおり，完全競争市場では限界
費用＝限界収入となる量で生産するのが最も利潤を大きくすることになった。
しかし，独占市場の場合は，独占企業が生産量を減らして価格を自分で決め
ることができる。平たく言えば，値段を高く釣り上げることができるのだ
（この，独占企業が設定した価格を独占価格と呼ぶ）。そして，消費者は他に
買う手段がないから均衡価格よりも高くなった独占価格に従う以外にはない。
完全競争市場では消費者も企業もプライス・テーカーであった。これが，独
占状態では消費者はプライス・テーカーのまま，企業がプライス・メーカー
になるのだ。

●独占市場で何が変わるか──余剰分析

　これは，社会にどのような影響を与えるだろうか。図 10.3 の余剰分析に
より，その影響を考えてみよう。まず，独占の場合には企業は価格を釣り上
げ市場価格よりも高い独占価格にすることができる。この時，生産量も減ら
す。この場合，消費者はこれまでよりも高い値段を払わなければいけなくな
る。消費者余剰の三角形の面積は市場均衡の時（第8章の図 8.1）と比べる
とかなり小さくなる。

　一方，生産者余剰は価格と生産量が変わったため，供給曲線の上の紺色の
部分になる。これは均衡価格の時よりもずっと上の独占価格のところまで拡
大している。つまり，独占によって生産者余剰は増加する。これが企業にと
っての独占の意味である。

　この状態の時，生産者余剰と消費者余剰を足し合わせた総余剰はどうだろ
うか。市場均衡の時，総余剰は三角形だった。しかし，価格が独占価格とな
ったために死荷重が発生し，市場均衡の時の総余剰の三角形よりも小さくな
っている。

　つまり，独占により社会にとってのトクは死荷重分だけ少なくなってしま

図10.3　独占市場の余剰分析

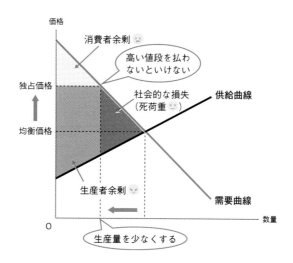

ったのだ。市場均衡と独占のどちらが望ましいかは，この総余剰の大きさを比べるといい。そして，独占の場合は，総余剰が死荷重分だけマイナスになっているので，独占は社会にとって望ましくない。

　なお，ここでは独占によって価格が釣り上げられるケースを見たが，最近では反対に価格を安くするケースも出てきている。これは，ネットのようにネットワーク外部性が強く，利用者が増えればそれだけ価値が高まり，勝者総取りとなるような競争の場合である。こうした産業では，高価格ではなく，あえて価格を低く設定し競争企業の参入を阻止し，利用者を増やすという戦略を取る方が理にかなうような場合も出てきている。

ここがポイント！ 👇

　独占・寡占状態の企業は，プライス・テーカーではなく，プライス・メーカーとなり，市場価格よりも高い価格設定が可能となる。このような場合，死荷重も発生し非効率になってしまう。

●独占に対処するには──独占禁止法

こうした独占に対処するには政府の規制などの介入が必要になる。具体的には，独占禁止法にもとづいて公正取引委員会がカルテルを取り締まり，トラストやコンツェルンをそれが及ぼす影響によって規制するなどである。

●自然独占

独占の中には，産業の特性によってどうしても独占になってしまうものがある。初期投資額の大きな産業だ。たとえば，電気，水道，鉄道などの事業である。これらは社会的に重要なインフラだが，提供するには大きな初期投資が必要だ。初期投資が大きいために，そもそも民間企業には参入することが難しく独占状態になりがちである。無理に参入し一時的に競争状態になったとしても，価格が下がって初期投資を回収できずに倒産してしまう結果になってしまいがちだからだ。つまり，結局は元の独占状態に戻る。これを自然独占という。政府もこうした場合には，独占企業を分割するよりは価格を監視するなどの対応を取ったりする。

コラム1　知的財産権と独占

新型コロナのワクチンでも話題となったが，知的財産権と独占の関係も考える必要がある。特許などにより知的財産権を得ることは同時にその技術に関して独占的に活用できる権利を得ることでもある。ワクチン開発などの技術開発には多額の研究費用が必要になる。開発した結果から独占の利益がないと研究投資額が回収できなくなってしまう可能性がある。そのため，独占が必要な側面がある。

しかし，一方で新型コロナのワクチンのように先進国のみならず途上国でも同時に必要になった場合のような対応には検討が必要かもしれない。供給が大量に必要な途上国の場合，ワクチンを購入するための予算がないからだ。

こうしたこともあり，2020年には新型コロナウイルス感染症に係る医薬品等の知的財産権の保護を一時的に免除することをインドと南アフリカが世界貿易機関（WTO）で提案し，60カ国以上が支持した。これによりワクチンの生産量を拡大できるからというのが理由であった。しかし，ドイツなどは「知的財産権の保護はイノベーションの源泉である」とこれに強く反対し，交渉は暗礁に乗り上げた。その後もWTOを舞台に交渉が続けられ，特許放棄の期間を3-5年とするなどの案も検討されたが最終的には実効性の少ない部分的な合意のみに留まった。

10.3 外部性とは？

　次に取り上げる市場の失敗の事例は外部性の問題だ。完全競争市場の仮定は「その経営から生じたコストは自社が負担する」というものだった。しかし，企業などの経済活動が市場を通さずに他の企業や人たちに影響を与えることがある。外部性には良い影響も悪い影響も含まれる。良い影響が与えられることを正の外部性と呼び，悪い影響が与えられることを負の外部性と呼ぶ。負の外部性があっても発生者はそのコストを負担しない。上の仮定の「コストは自社が負担」とは異なる。

　負の外部性の一つは公害や地球温暖化だ。汚染した水や空気を浄化したり処理したりせずに排出あるいは放出すれば民間企業自身の費用（私的費用）は安くなる。利潤を大きくするには，こうした環境対策の費用をかけないことが企業にとってはベストな選択になる。しかし，環境への負担という形で社会やそれぞれの人に大きな被害をもたらす。こうした負の外部性を外部不経済という。

　図 10.4 はこの外部不経済がある状況を図示したものだ。今，有害物質を含んだ汚水を排出しながら製品を作っている企業 A があったとする。図の供給曲線はこの企業 A 自身が支払う私的費用を表している。第 7 章で見たとおり供給曲線は企業 A の限界費用でもある。この時，均衡は需要曲線と交わる点となる。市場で決まる生産量はここから垂直に降りた部分だ。

　しかし，こうした汚水排出などの外部不経済がある時，汚水排出により生じた水質悪化などの費用はこの限界費用には反映されていない。そうした社会に負担をかける社会的費用を加える必要がある。社会的費用とは，私的費用にこの企業が生産量を 1 単位増やす度に排出する汚水の外部性の費用を加えたものだ。

　汚染の外部性の費用を考慮すれば生産にかかる費用が増加し，社会的費用を含んだ供給曲線と書かれた線にシフトする。そのため，最適な生産量は市場の均衡から「最適点」に変わる。そして，最適な生産量はそこから垂直に降りた量になる。つまり，最適な生産量は市場で決まる生産量よりも少なくなるということだ。もし，外部不経済を考慮に入れなければ社会的に受け入

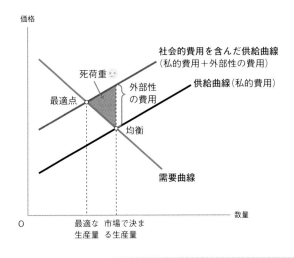

図10.4 環境汚染と最適な生産量

価格

社会的費用を含んだ**供給曲線**
（私的費用＋外部性の費用）

死荷重

外部性
の費用

供給曲線（私的費用）

最適点

均衡

需要曲線

数量

O   最適な 市場で決ま
     生産量 る生産量

れ可能な生産量を超えてしまい，汚染がひどい状況になってしまう。

ここがポイント！

　負の外部性があると，生産量が社会的な最適点を超えて行われて，環
境汚染が悪化する場合がある。

●社会的な損失は？

　さて，図10.4で外部性の費用を考慮せず，市場で決まる生産量で生産を
行なった場合に生じる公害などの環境被害の損失（死荷重）はどこで表され
ているだろうか。それは灰色で塗られた三角形の部分である。この死荷重は
前章までとは逆の方向を向いている。ちなみに，この三角形の向いている方
向に生産量を変化させることが社会的に望ましい。このケースでは生産量が
少なくなる方が社会的に望ましく，市場では生産量が多すぎることが示され
ている。なお，ここでの議論はある程度までの汚染は有害ではない場合に限
定したものであることには注意が必要だ。有害物質の性質に応じて限界外部
費用のあり方も大きく変わってくるからだ。

表10.1　社会的費用を考慮に入れた原子力の発電コスト（1970～2010年度平均）

（単位：円/キロワット時）

	発電に直接要するコスト	政策コスト		合　計
		研究開発コスト	立地対策コスト	
原子力	8.53	1.46	0.26	10.25
火　力	9.87	0.01	0.03	9.91
水　力	7.09	0.08	0.02	7.19

（出所）　大島堅一（2011）から一部抜粋。

●原子力政策と社会的費用

　社会的費用を組み入れずに推進されてきたものに原子力政策がある。福島第一原子力発電所の事故の前，政府は原子力発電が火力など他の発電方法よりも安いとしてきた。そして，この安価であることが原子力発電を推進することの根拠とされてきた。

　これに対し，原発による社会的費用を考慮すると福島第一原子力発電所事故の前でもコストはむしろ高かったのではないかと推計をしたのが大島堅一（2011）である（『原発のコスト──エネルギー転換への視点』，岩波新書）。大島の計算によると原子力の発電費用は，表10.1のとおり火力や水力よりも高くなっている。これは原子力受け入れ自治体への巨額の交付金（電源立地地域対策交付金など各種交付金）や，ウラン再処理のための高速増殖炉もんじゅの研究開発費などを社会全体で負担する社会的費用として計算に入れたのだ。

　これらの計算は福島第一原子力発電所の事故前のものである。この他にいったん事故が起きた後の社会的費用も大きいことは言うまでもない。福島第一原子力発電所については，廃炉のロードマップは示されているものの，その進捗は遅れており，あと何年かかるか費用も含めてまだまだ見通せない状況にある。

●正の外部性のケース（途上国の識字など）

　外部性には便益をもたらす良いものもある。たとえば，美しい花壇を作っている家は通行人にとっては目を楽しませ，近隣の住宅にとっては良い環境

を提供している。それによってその地域の地価が上がる場合などだ。この場合，花壇の費用が支払われているわけではない。

　他によく知られた事例では養蜂家とブドウなどの果樹園農家の関係がある。養蜂家はハチを飼い，農家はブドウを作って隣同士でいる。お互いにお互いを助ける意図はない。しかし，養蜂家にとってはハチが蜜を集めてくる花が近くにある。農家にとってはハチが来て受粉をしてくれる。お互いに Win–Win であり，ここでも正の外部性が働いている。

　教育も正の外部性があるものだ。たとえば途上国には識字の問題がある。戸棚に「जहर」と書かれたビンが置いてある時，我々はどうしていいか分からない。ヒンディー語が読めないからだ。これは「毒」という意味である。識字力がない状態というのはこうした単純な情報さえも得ることができない深刻な問題だ。

　教育の正の外部性には，字が読めるようになったり，基本的な社会の知識がついたりし，多くの人が事故を避けられるようになることが挙げられる。さらには知識を持った市民として正確な情報にもとづいて，より良い政策を選択することができることなどが挙げられる。

　議論を単純化するために教育の市場は完全競争になっていると仮定する（つまり公的な教育はないとする）。この時，均衡は図 10.5 のように需要と供給で決まるので均衡で教育の供給量が決まっている。需要曲線は教育から得られる個人の便益（私的便益）だけによるものだ。

　これに対し，教育に外部性がある場合，つまり教育を得ることによって市民としてより良い社会になる場合は個人が得る以上の便益（外部性の便益）がそこにはある。この場合，教育は社会に売ることはできない。教育を売ることができるのは個人に対してだけだからだ。

　外部性の便益というのは，教育の供給を次の 1 単位だけ増やした場合に社会が得る便益のことである。こうした社会的便益は，つまり個人だけではなく社会全体が教育から受ける便益だと考えればよい。図のように社会的便益は私的便益よりも上にくる。この社会的便益と供給曲線が交わるのが「最適点」である。社会的に最適な量は，個人の需要だけで決まる市場の教育の量よりも大きくなっていることが分かる。

図10.5　教育と外部性

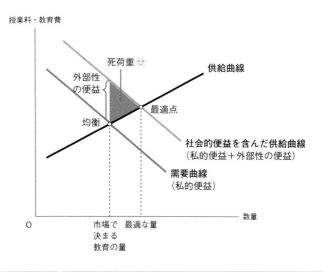

●正の外部性がある時の社会的な損失は？

　正の外部性がある時も社会的な損失があるのだろうか。これは存在する。社会的に望ましい教育の供給量（図10.5の最適点で決まる）に比べて，市場で提供される教育の供給量（均衡で決まる）が少ないからだ。この場合の死荷重は灰色で塗られた部分である。教育が社会的に供給されれば得られる便益である。

　ここがポイント！👉

　正の外部性があると，社会的に望ましいサービスなどが十分に供給されない可能性がある。

10.4　外部性に対応する政策
——規制，課税，補助金

　ここまで見てきたように，外部性は市場外で経済に影響を与え，社会的に望ましくない誤った均衡に市場を導いてしまう。こうした外部性の問題は市場の外で発生するため，市場の価格メカニズムでは解決できない。こうした場合に政府の役割が重要になってくる。その対応には次の2つの種類がある。

①　直接規制：大気汚染規制，環境規制など
②　市場の力の活用：課税および補助金

　①の直接規制とは生産量を制限したり，あるいは工場排水や排煙の量を規制したりするものである（汚水の排出量を年間100トンまでとするなど）。自動車排出ガス規制などもこれにあたる。これらは市場メカニズム外での対応である。

●ピグー税
　②の課税や補助金は市場の力を活用して公害などを防ごうとするものである。こうした政策は市場の外で発生している外部性を市場に「内部化」する作用がある。市場の外部で発生しているため価格によるインセンティブが働かないが，これを課税や補助金により，市場の一部に内部化することによって，価格インセンティブの働きで望ましい方向に改善しようというものだ。

　図10.6のように外部不経済が存在する時，均衡では生産量が社会的に望ましい状態より超過している。この生産に対し，限界外部費用と同額の税を課す。そうすると均衡は最適点となり，生産水準を社会的に望ましい水準に抑えることができる。こうした税は経済学者のアーサー・セシル・ピグー（1877〜1959）にちなんでピグー税と呼ばれている。この課税によって，外部性は内部化され，生産量は最適点になり適切な生産量に落ち着くことが可能になるのである。

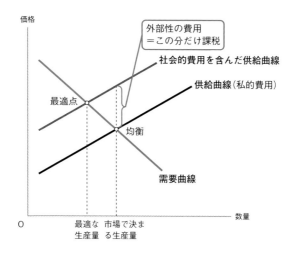

図10.6　ピグー税による外部性の内部化

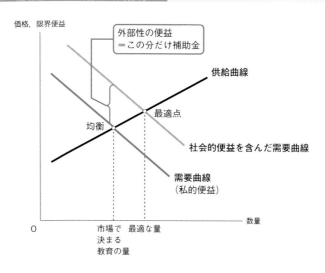

図10.7　補助金による外部性の内部化

●補　助　金

　今後は逆に正の外部性の場合である。正の外部性は望ましいことなので補助金を出してそうした動きを支援することが考えられる。均衡よりも供給を

増やすインセンティブがないために，図 10.7 のように社会的に望ましい最適点よりも均衡では過小な供給になっているからだ。

この場合は市場の外部で発生している限界外部便益分だけの補助金を出すと，需要曲線は「社会的便益を含んだ需要曲線」までシフトする。これによって均衡が最適点へと移動する。そして，教育の供給量が社会的に見て最適な水準になるのである。この補助金も限界外部便益を内部化し，社会的に望ましい水準を達成することに役立つのだ。

ここまで述べてきたように，外部性に対しては政府が何らかの対策を取ることが望ましい。しかし，一方でこうした外部性の金額を正確に把握することは難しい。正確に把握できなければ内部化することが難しく，実際に政策を実施する先には検討が必要な事項だ。また，過度に政府が税や補助金で介入してしまうと，それも市場を歪めることにつながってしまうので慎重な検討が必要になる。

> **ここがポイント！**
>
> 外部性がある際にはピグー税あるいは補助金により，市場に内部化することで，社会的に望ましい生産量を実現することができる。

10.5 政府によらない当事者の取り組みによる解決——コースの定理

前節では政府による外部性の解決について議論をした。本節では政府によらない，民間の当事者たちによる解決に可能性があるかどうか検討しておきたい。

● 4 つの解決の方法

外部性がある際に政府抜きで当事者たちだけでこの外部性の問題に向き合い解決することができる可能性もある。それには次の 4 つの方法がある。

① ボランティア，慈善事業
② 事業統合
③ 契約締結
④ 倫理的な呼びかけ

　第1のボランティア，慈善事業は環境保護，こども食堂での学習支援，各種の民間の奨学金制度など，外部性の課題に対処するために設立されていることが多い。これらは政府によらず，民間の力によって解決する取り組みといっていいだろう。

　第2の事業統合は外部性の当事者が個別に事業をするのではなく，これを統合してしまうことをいう。たとえば，正の外部性の事例で養蜂家とブドウなどの果樹園農家について述べた。養蜂家のハチはブドウから蜜を採取し，農家のブドウはハチに受粉を助けてもらうという正の外部性があるという事例だった。

　しかし，養蜂家と農家は無関係に経営されている。そのため，ハチを何匹飼うのか，ブドウの木を何本植えるのがいいのかはお互いの状況が考慮に入れられずに決定されている。そのため，ハチの数が多すぎたり，その逆だったりする非効率な状況になる可能性が高い。

　この時，養蜂家と農家が事業を統合し，1つの企業になればこうした非効率はなくなる。ハチの数とブドウの木の数を調整するからだ。これにより外部性を内部化することができる。

　第3の契約締結は，事業を統合するというところまでいかなくても，単にお互いに契約を結ぶだけでもいいだろう。こうした契約でも，ハチの数とブドウの木の数の調整は可能だからだ。

　最後の倫理的な呼びかけとは，「人のためになるようなことをしたい」「飲んだ水のペットボトルをポイ捨てしてはいけない」「庭はきれいに」などだ。これらはいずれも外部性を考慮して行動することを求めている。あまり効果がないように思われるかもしれないが，実証研究の結果によると意外（？）とこうした倫理的な呼びかけも効果があることが分かっている。

　こうした倫理的な呼びかけの中には，環境保全に役立つと認定された商品

図10.8　認証マーク

エコマーク　　　　　　　　　国際フェアトレード認証ラベル

（出所）　エコマーク：公益財団法人日本環境協会。
　　　　国際フェアトレード認証ラベル：NPO法人フェアトレード・ラベル・ジャパン。

に付けられるエコマークや，輸入することが開発途上国の生産者をサポートすることにつながる製品であることを示す国際フェアトレード認証ラベルなどもある（図10.8）。

●コースの定理とは？

　これに対し，ノーベル経済学賞を受賞したロナルド・コース（1910〜2013）は当事者たちが直接に交渉し，交渉のための取引費用がなければうまく外部性の問題を解決できるとした。これをコースの定理という。ここで取引費用とは，当事者間の交渉や調整で必要になる様々な費用だ。たとえば，話す言葉が違う場合，通訳や翻訳の費用が必要になる。また，この交渉の結果を契約書にまとめるための弁護士の費用なども含まれる。

　たとえば下のようなケースで考えてみよう。

① 　A社は汚水を海に垂れ流している。法的には違法ではないレベルに収まっているが，漁業には影響が出ているように感じられる。これに対し，その海で漁をして生計を立てている漁業者は，困るが違法ではないので裁判所に訴えることはできない。

② 調べていくと，この汚水を処理するために浄化装置を設置すればいいことが分かった。装置の価格は100万円である。A社は法的に問題ないので，費用を負担しようとは思わない。

③ 一方，漁業者たちがこの装置の購入代金を負担し，汚水が処理されれば風評被害などもなくなり200万円相当の便益があることも分かった。

　この場合，漁業者はどうするだろうか。自分たちが100万円の装置の費用を負担し，A社に設置させることで合意すれば，その費用を超える200万円の便益がもたらされるのだ。

　この場合，A社が汚水を出して操業する法的な権利があるとしても，漁業者の方が一定の環境で漁業をすることができる権利があるとしても，便益と費用の関係は変わらないので，結果は同じとなる。

　つまり，どちらが権利を持っているかには関係なく，交渉により社会的に効率的な結果をもたらすことができる。これがコースの定理の内容だ。この事例が示すように価格の交渉ができれば，パレート効率的な結果に到達することができる。

●コースの定理どおり解決できないケース

　コースの定理が示すとおり，民間の経済主体は政府の力がなくても自分たちの間の交渉で問題を解決できる。最初に誰が権利を持っていたにかかわらずである。ただ，重要なのは前項でも述べたが，取引費用がかからなければという前提である。取引費用は契約に合意したり，それを実施したりする過程でかかる調整の費用だった。

　たとえばだが，利害関係にある当事者の数が多い場合，当事者間での調整が複雑になり，取引費用が高くなる。先ほどの漁業者の事例で考えると，仮に漁業者の数が1万人いれば意見の調整だけでもかなりの労力を要するか，あるいはそもそも無理かもしれない。こうした民間での調整が難しい場合には政府がその調整の役割を果たす必要がある場合もあるだろう。

10.6 まとめ

　本章では第2部の始まりにあたって完全競争市場との対比において不完全競争市場（市場の失敗）とは何かについて解説した。その上で，市場の失敗のうち独占・寡占，外部不経済などの外部性について見た。次章では不完全競争市場のうち，情報の非対称性および公共財の問題を扱う。

　本章のポイントをまとめておこう👇。

- 独占・寡占になると企業はプライス・メーカーになってしまい，価格は高く設定される。そのため消費者は高い価格を支払わざるを得なくなり，死荷重が発生する。
- 外部性とは，市場での価格を通さずに企業などの経済活動が他の企業や人たちに影響を与えてしまうもの。負の外部性があると，公害や地球温暖化などが発生する。逆に識字など正の外部性がある場合は奨励することが必要だ。
- 外部性に対しては政府がピグー税や補助金といった形で市場に内部化することが望まれる。一方，政府によらない解決方法もある。ボランティア・事業統合・契約締結・国際フェアトレード認証ラベルなどの倫理的な呼びかけ，またコースの定理に基づく当事者間の交渉などである。

本章のキーワード

市場の失敗	不完全競争市場
独占・寡占	プライス・メーカー
カルテル	トラスト
コンツェルン	独占価格
知的財産権と独占	外部不経済などの外部性

私的費用　　　　　　　　　社会的費用

直接規制　　　　　　　　　ピグー税

補助金　　　　　　　　　　フェアトレード

コースの定理

コラム2　外部性と気候変動

　外部性により生じている問題の一つが気候変動だ。企業活動を含む様々な人間の活動から排出された温室効果ガスにより地球の温暖化が進んでいるのだ。図10.9は世界的な自然災害の発生回数を時系列で見たものだ。このデータには地震などの災害も含まれており，全てが気候変動関連の災害というわけではない。しかし，その大部分は干ばつ，洪水など気候変動の影響に起因するものだ。

　この図から分かるとおり，1970年代から世界の自然災害の数は急増している。近年，ヨーロッパは熱波，洪水，また，アフリカでは干ばつが発生し，食糧不足になるなどしている。日本などでも近年，大雨・台風により大きな被害が出るようになっている。外部性から生じるこうした気候変動や災害に対してどのように対応していくかも経済学の重要な課題だ。

図10.9　世界的に急増する自然災害

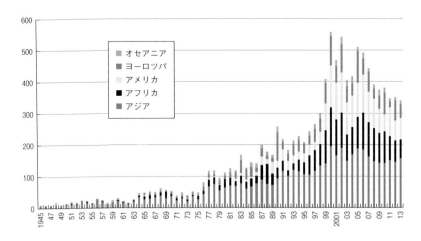

（出所）　EM-DAT データベースをもとに筆者作成。

問 10.1 次の文の空欄に最も適切な語句を入れなさい。

　独占・寡占状態の企業は価格の決定について [　①　] になっており，完全競争市場と異なっている。独占・寡占状態の企業は販売量を [　②　]，価格を市場価格よりも [　③　] に設定する。つまり，消費者は完全競争市場の価格で買うよりも [　③　] を支払わなければならなくなる。そのため，[　④　] 余剰は小さくなり，[　⑤　] 余剰は大きくなる。同時に死荷重が発生する。

問 10.2 独占について次の選択肢の中で誤っているものはどれか。
①　独占企業は生産量を決定する。
②　独占企業が生産するモノの値段は，独占企業が決定した生産量で需要曲線から決まる。
③　独占の場合，生産者余剰は小さく，消費者余剰は大きくなる。
④　独占の場合，死荷重が発生する。

問 10.3 外部性について次の選択肢の中で誤っているものはどれか。
①　他の経済活動から生産や生活が悪影響を受ける場合を外部不経済という。
②　正の外部性がある場合には，政府は補助金を出し奨励すべきである。
③　自動車が出す排気ガスは外部不経済である。
④　自動車メーカーが車を作るのに，多くの企業から部品を集めるのに時間と費用がかかる。この費用が外部性の費用だ。

第 11 章

市場の失敗② ——情報の非対称性，公共財，政府の失敗

本章では不完全競争市場（市場の失敗）の課題について考えていく。前章で解説した，独占・寡占，外部不経済に続いて，情報の非対称性，公共財を紹介する。

この章のポイント

- 市場において生産者と消費者で持っている情報が違ったらどうなるだろうか？　中古のスマホの品質をどのように判断するか？　お金を借りたいという人を信頼していいか？　保険に入りたいという人の健康状態は信頼してもいいだろうか？
- 市場で公園や道路などは供給されるだろうか？　公園や道路という財は，スマホやパンといった財と何が違うのだろうか？
- 完全競争市場であれば，政府の役割は限定的だ。政府にはどんな役割があるだろうか？　また，政府も失敗することはあるのだろうか？

11.1 情報の非対称性

完全競争市場では，価格について家計・消費者，企業が完全情報を持っているということが前提として仮定されていた（第2章参照）。しかし，次節で見るように，実際の社会ではモノやサービスについての完全な情報を得るということはかなり難しい。また，競争している企業にとって競争相手の企業の情報は重要だ。しかし，相手企業の戦略などの情報を得ることは簡単なことではない。

こうした，情報が完全ではない状況を情報の非対称性と呼ぶ。何が非対称かというと，実際の経済は完全情報ではなく，情報を「持っている人」と「持っていない人」で非対称な関係にあるからだ。具体的には売り手と買い手の間でそうした非対称性な関係があることがある。買う前に製品を試すことができないからだ。そして，売り手と買い手の間で情報の非対称性がある時，市場は失敗し，効率的でなくなるのだ。また，そもそも市場が成立しなくなってしまう場合もある。2001年にジョセフ・スティグリッツ，マイケル・スペンス，ジョージ・アカロフは，情報の非対称性に関する研究でノーベル経済学賞を受賞した。

この情報の非対称性には次の2種類のものがある。まずは，私たち買い手にとって，売り手の言っていることが本当か分からないがために，良質なものの流通が阻害されるというケースだ（逆選択という）。もう一つは，リスクに対する補償があることで行動する人や企業が注意義務を怠ってしまうケースだ（モラルハザードという）。まずは逆選択から見ていこう。

11.2 逆選択——購入（契約）前に起きる問題

売っている人の言っていることが本当か分からないという点で典型的なのは中古市場だ。秋葉原に行くと多くのスマホの中古ショップがある。高級機種が激安で売られているのを見ると心が揺れる。しかし，実際にその中古品がどのような状態なのかシロウトの私には判断がつかない。もしかしたら文

字通りの掘り出し物かもしれない。逆に，実際にはどうしようもない欠陥が隠されていて，買ってすぐ故障してしまうかもしれない。

　また，その中古ショップはとても良心的で，専門的にもしっかりした目利きかもしれない。中古のスマホの状態も良く，それにもかかわらず安く売っていることも考えられる。逆に，中古ショップは状態が良くないことは承知の上で，高いお金で売りつけようとしているのかもしれない。

　中古スマホの場合，売り手の中古ショップはそのスマホの状態について知識あるいは情報を持っている。しかし，買い手にはそうした情報はない。前述のように，このような2人の間の，情報がある，ないという状況を情報の非対称性という。そして，この状況ではやはり買うのに躊躇してしまうことが多い。つまり消費が少なくなってしまうのだ。

●レモンの市場──市場が成立しなくなる

　こうした情報の非対称性が社会全体で起きると，需要が少なくなり，市場の規模がどんどんと小さくなってしまう。下手するとそもそも市場が成立しないかもしれない。このような現象を市場の失敗という。完全情報であれば，こうしたことは起こらず市場が成立したはずである。

　こうした情報の非対称性のある市場をレモンの市場という。レモンは見ただけでは中身の状態は分からないからだ。つまり，レモン自体と，食べる人の間に情報の非対称性があるということだ。それゆえにレモンは，英語では欠陥品，中古品を意味することもある。中古品も実際に購入してみないと，その製品の品質を消費者が知ることはできない。

　では，なぜ逆選択というのだろう。これは情報の非対称性があり，相手がどんな企業・人か分からないと，結果的に良い企業や人が市場から締め出されてしまうからだ。本来の望ましい選択である望ましい企業・人とは逆の選択が市場で行われてしまうのである

●逆選択でどんなことが起きるか

　たとえば，銀行がお金を企業に融資するとする。しかし，どんな企業か分からないと心配になる。貸倒れの可能性が出てきてしまうからだ。そうする

と，そのリスクを考えて貸出利率を高く設定することになる。そうするとちゃんと返済をしたいと考えている企業はだんだんと借りることが難しくなる。しかし，踏み倒そうと考えている企業は高くても借りようとする。その結果，リスクが高まり，さらに利子率が高くなってしまうのだ。

　こうして，情報がないことにより，本来は融資先として選ぶべきでないリスクの高い企業ばかりが残ってしまうことになる。これが逆選択である。ちなみに，情報がなくても意思決定しないといけない企業・人をプリンシパル（依頼人）という。これに対して借りる側をエージェント（代理人）と呼ぶ。保険契約の場合では保険会社がプリンシパル，加入者がエージェントである。情報の非対称性はこの2つの間で起きることからプリンシパル=エージェント問題と呼ばれることもある。

●良い人は市場から締め出される？

　保険でこうした状況になるとハイリスクな人ばかりが保険に加入して，保険の支払いが多くなるので保険会社は保険料を見直し，引き上げざるを得なくなる。それにより，ローリスクな人はさらに保険に加入しなくなり，ハイリスクな人ばかりが保険に入るようになってしまう。これは社会的に望ましいことではない。保険は，将来に対するリスクを避ける（「ヘッジする」という）仕組みだからだ。

　つまり逆選択で起きることは，良質な企業や信頼できる人が市場から締め出されてしまうということだ。これはちょうど，質の悪い貨幣と良い貨幣が同時に流通すると，質の良い貨幣はしまい込まれ，悪い貨幣ばかりが市場で使われるという事態が発生するが，それと同じだ。「悪貨が良貨を駆逐する」，あるいは「グレシャムの法則」と言われるものだ。

> ### ここがポイント！ 👉
> 　情報の非対称性があると，結果的に良い企業や人が市場から締め出されてしまう（悪貨が良貨を駆逐する，グレシャムの法則）。本来の望ましい選択である望ましい企業などとは逆の選択が市場で行われてしまうのだ。

●逆選択に対する対処方法

　では逆選択のような状況に対して，どんな対処方法があるのだろうか。実際，我々の身の回りには情報の非対称性による逆選択を乗り越える様々な制度や工夫がある。ここでは代表的な 6 つの例を見ておこう。

① 　強制的な加入制度

　　　日本の健康保険制度はアメリカなどと異なり国民皆保険制度をとっている。つまり国民全体を強制的に加入させている。これにより，ハイリスクな人だけが保険に入ることによって保険制度が成立しなくなることを防ぎ，社会全体で個々の人の健康のリスクをヘッジ（回避）している。

② 　最低価格

　　　ある一定以下の価格で売買を禁止するもの。これにより，中古スマホなどの価格の値崩れを防ぎ，ある一定以上の質の製品が市場に共有されるようになることが目的だ。第 9 章では市場が完全に動いている場合の価格規制の非効率さについて見た。しかし，情報の非対称性により市場が成立しなくなる場合には，価格規制も有効な手段となる。

③ 　シグナリング（品質保証）

　　　品質保証という形で品質について消費者に知らせること（シグナリング）は，売り手と買い手の間にある情報の非対称性を乗り越える有効な手段だ。転職などの就職市場では第三者の推薦状が求められる場合がある。この推薦状も一種の品質保証である。これは転職をしようとしている人がどんな人か分からないので，それを推薦状という形で確かめようとしているからだ。

④ 　スクリーニング（買い手による自己選択）

　　　消費者側が一定の条件を売り手側に提示することも，情報の非対称性を克服する一つの手段だ。これにより，買い手側が「良い」売り手と「悪い」売り手をふるい分けること（スクリーニング）ができるようになるからだ。就職の際に高卒や大卒といった学歴，あるいは資格が重要になるのはどうしてだろうか（就職市場においては企業が買い手で，学生側が売り手である）。企業にとって学生の真の能力を見抜くことは簡単で

はない。しかし，大卒であるという学歴，取得した資格は買い手側である企業にとって重要な情報だ。売り手である学生側としてはスクリーニング戦略の一環として学歴を得て，自分と企業の間にある情報の非対称性を軽減しようとする。これも逆選択に対する対応の一つである。

⑤　品質審査制度

中古スマホは品質にバラつきがある。これに対し，品質を審査する制度を作れば中古市場が成立するようになる。具体的には，自動車の車検制度などはこれを目的に作られた制度である。こうした制度があれば，消費者にとっても品質を知る手がかりになり，情報の非対称性を乗り越える一つの方法となるからだ。

⑥　供給の強制

中古市場で販売されているモノの品質に不安があると，だんだんと皆，買わなくなる。その結果，価格が下がると，今度は中古をそもそも売らなくなり，そうすると市場は成立しなくなる。これを避けるために，一定年度を経たモノは販売するように強制できれば価格が低下してもモノの供給は減らず，市場は存続できる。

ここで事例に挙げたもの以外にも，連帯保証人や法律による原材料・原産地の記載の義務づけなども売り手と買い手の間の情報の非対称性の改善に取り組むためのものだ。

11.3　モラルハザード
——購入（契約）後に起きる問題

情報の非対称性から生じるもう一つの問題はモラルハザードだ。逆選択が購入前に品質が分からないという問題であるのに対し，こちらは購入（契約）後の問題だ。契約後に相手には自分の行動が分からないだろう（情報の非対称性がある），バレないだろうと思う人や企業がいる場合に生じるものだ。

典型的な例は保険だ。保険は病気や火災などのリスクに対しての備えとし

て契約するものだ。しかし，保険に入ることにより費用が保険で補填されると安心してしまうとどうなるだろうか。

　たとえば，火事に対して十分な注意を払わなくなるかもしれない。故意までいかなくても，不注意な過失により失火をしてしまうケースは出てくるかもしれない。自動車保険に入って安心して，運転が雑になる人もいるかもしれない。保険会社側では，どこまでがその人の不注意によるものかは分からないからだ。つまりバレないのだ。モラル・ハザードとは，こうした保険などが存在することによって本来必要な注意を怠ってしまい，その結果として悪い場合には火事や事故の件数が増加してしまうような事態を指している。

　こうした状況は保険会社にとってはどうだろうか。火災や事故の可能性が増えるのであればリスクが高くなり，保険料率を上げざるを得なくなる。こうして，補償をあてにして行動するハイリスクな保険加入者がいるために，保険料率が高くなってしまう。そうすると，今後はローリスクな（つまり保険会社にとって有利な）人は保険契約しなくなる。保険料が割にあわないと感じるからだ。そうすると保険契約者はリスクの高い人の割合が上がってしまう。そうすると，最悪，保険市場そのものが成立しなくなってしまうこともありうる（市場の失敗）。

　別の事例ではToo big to fail（大きすぎて潰せない）という問題もある。金融機関は経済にとって重要だ。そのため，銀行が破綻しても救済をする必要が出てくる（実際，アメリカではリーマンショックの際に一部の投資銀行には政府による救済措置が取られた）。しかし，救済してもらえるとなると，経営者の中には，どうせ自分たちは救済されるからと考え，さらに，それなら放漫経営をしても分からないだろうとまで考える人が出てくる可能性がある。これもモラルハザードのケースだ。

　こうしたモラルハザードに対する対策として，たとえば自動車保険では無事故の期間が長くなると保険料を安くするなどの工夫がされている。これにより安全運転になるようにしているのである。

図11.1 4種類の財

図11.1　4種類の財

競合性／排除可能性の表：

	排除可能性 なし	排除可能性 あり
競合性 あり	共有資源 （自然，生物多様性など）	私的財 （食べ物，スマホなど）
競合性 なし	公共財 （公衆衛生，公園，道路，警察，消防など）	人為的な希少財 （オンデマンドの映画，高速道路など）

11.4　公　共　財

前章と本章で市場の失敗として，独占・寡占，外部不経済，情報の非対称性を扱ってきた。最後に公共財の不十分な供給についてを解説する。

● 4 種類の財

この章まで扱ってきた財（たとえばコーヒー）は，私的財と言われるものだった。実は市場で供給されるモノは図 11.1 のように 4 種類に分類される。この説で議論する政府が提供する公共財もそうした一つである。ここではまず，4 種類の財について説明する。その上で，公共財と市場の失敗について論じていきたい。

私的財の特徴は排除可能性と競合性である。たとえば，私たちが所有しているスマホはそれぞれの人の所有物だ。他人が勝手に誰かのスマホを使うことはできない。つまり，私的財の使用に関しては他者の使用を排除することが可能だ（排除可能性）。また，誰かが人気の iPhone などの製品を他の人に先がけて買うと，その分，誰かは買えなくなる（競合性）。売り切れになると予約待ちなどが発生する。つまり，私的材については競合性があり，誰かが買ったり使ったりすると，他の人は使えなくなる。

この排除可能性と競合性の 2 つをキーワードに，世の中にある様々な財を分類したものが図 11.1 だ。

共有資源は美しい自然や空気，水などだ。これらは使ってしまうとなくな

ってしまう（競合性がある）。共有資源については，みんなのものなので使うことを排除することはできない。排除できないため，たとえば動物や魚が誰かに獲られてしまうと，他の人は獲れなくなる（競合性がある）。ちなみに，こうした状況の共有の水域があった場合，このままにしておくと乱獲が起きて資源が枯渇するような問題が生じてしまう。そこで，「漁業権」という免許制度を設定することが有効だ。この免許を持っていれば漁は制限されず，競合的でありつつ非排除的になるからだ。

また，人為的な希少財とはオンデマンドの映画や有料の高速道路のようなものだ。有料であることから誰でも使えるわけではない（排除性あり）。しかし，誰かが使ったら他の人が使えなくなるわけではない（オンデマンド映画は他の人も見ることができ，有料高速道路も誰かが走っても他の人が走れなくなるわけではない）。

では公共財とは何なのか私的財と比較しながら次項で見てみたい。

●公共財と私的財の違い

公共財の具体的な事例はたとえば道路や公園などだ。市場では提供されず，政府や行政が整備するものだ。私的財の場合と異なり，公共財の場合，当然だが誰もが使え，誰かがこうした施設を使わないように排除することはできない（非排除性がある）。

また，誰かが車で道路を走っても，他の人が道路を走れなくなるわけではない。1人が道路を車で走っても道路は減らないからだ。つまり，私的財と異なり競合性がない（非競合性がある）。これが公共財の特徴だ（図11.2）。

非排除性が問題になるのは，フリーライダー（ただ乗り）と呼ばれる問題を引き起こすからだ。たとえば，誰かがお金を支払ってくれてこうした公園や道路を整備したとする。この時，公園や道路は他の人が使えないように排除できるわけではない（非排除性）ため，誰でもタダで利用することができる。

そうすると，なかなか公園や道路の整備に自分の私財を投じようという人はいなくなってしまう。なぜなら，自分以外の誰かが資金を出してくれて，ただ乗り（フリーライド）をする方が得だからだ。つまり，非排除性という特徴を持つ公共財は市場では提供されないということになる（市場の失敗）。

図 11.2　公共財の特徴

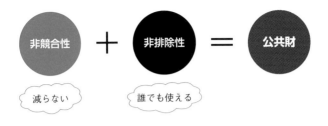

ここに公共財を提供するという政府の役割が出てくる。

　ただ，政府の場合は「お役所仕事」という言葉があるとおり，非効率的に
しかサービスを提供できない場合がある。また，そもそも適切な公共財の量
はどれくらいであるかをどう決めるのかなど難しい問題もある。

　非排除的で，かつ非競合的なものの最も純粋な事例は警察や消防などだ。
消防が人や企業によって消火活動をするかしないかを決めるということはあ
り得ない。こうしたサービスを純粋公共財と呼ぶ。

　一方，上の事例に出てきた公園や道路は準公共財と呼ばれる。利用する人
が多すぎると混雑して（排除できないため），それらから得られるサービスが
落ちてしまうからだ。

11.5　政府の役割

　第 1 部では完全競争市場が効率的で総余剰が最大化になる点を議論した。
では政府はどうしてその市場に介入する必要があるのだろうか。政府の役割
は何で，その課題とは何だろうか。

●政府が経済に介入する 3 つの理由
　言うまでもなく政府は我々の生活の中で大きな役割を果たしてきている。
しかし完全競争市場で政府なしで総余剰が最大化するのであれば，政府がそ
こに介入する理由は何だろうか。理由は次の 3 つである。

① 市場の失敗に対する対応

　この第2部（第10章，第11章）で議論してきたように，市場は完全競争の状況にならずに，不完全競争の状況になることがある。独占・寡占，外部不経済，情報の非対称性，公共財の4つが原因である。各項目で述べたとおり，こうした市場の失敗を克服するために政府が果たすべき役割がある。それが独占を妨げたり，公害を阻止したり，保険制度に強制加入させたり，道路などの公共財を提供したりするなどの政府・行政の役割につながっている。

② 格差の存在

　完全競争市場は効率的にはなるが，公平になるとは限らない（第9章参照）。インセンティブがあるということはむしろ完全な平等にはならないことを意味する。そうした中で，どこまでの格差が社会的に許容されるのかは考える必要がある。ただ，現在の日本の子どもの貧困問題や，先進国と途上国の大きな格差など，市場では解決が困難で，また，何らかの支援が必要な問題に対しては政府の役割が重要になってくる。それは具体的には富裕層へ課税し，低所得者層に再分配するなどの社会保障である。

　また，日本では医療を低所得者でも低費用で受けることができる。これは，アメリカなどとは大きく状況が違う。日本には公的医療保険制度である国民皆保険制度があるからだ。これは全ての人が保険制度に加入し，保険料を払うことにより全体での負担を軽減する制度だ。社会権の一つである生存権を規定した憲法25条（すべて国民は，健康で文化的な最低限度の生活を営む権利を有する）にもとづいた制度だ。これも所得にかかわらず誰でも医療が受けられる制度として機能している政府の政策の一つである。

③ 価値財の存在

　第3の理由は価値財と呼ばれるものの存在だ。これは教育などのように政府として国民に奨励をしたい財のことだ。こうした財を奨励することにより公益を達成しようとするところに政府の役割が出てくる。一方，麻薬など反対に消費が望ましくない財も存在する。こうした財を負の価

値財と呼ぶ。こうしたものを規制することも政府の役割である。

11.6　政府の失敗

　ここまで見たように政府には役割がある。しかし，政府にもいくつか課題がある。それは政府の失敗と呼ばれるものだ。政府が失敗する原因もいくつかある。以下の４つはその例である。政府にはこうした失敗のリスクもあることを頭に置きながら政策を作っていかないといけない。

●インセンティブがない

　政府が民間と大きく異なるのはインセンティブがないことだ。民間の場合には売上成績など部署によってはパフォーマンスを測ることがある程度でき，それに対して高い給与を支払うことが可能だ。しかし，政府・行政などでは高いパフォーマンスというのが何を指すのかが明確にならない場合が多く，給与の差をつけるのが難しい。たとえば，住民票の発行業務のパフォーマンスを，発行した住民票の枚数で測るのは適切ではないだろう。住民票は行政のサービスが良いと発行枚数が増えるという性質のものではないからだ。また発行枚数が多いことが，住民にとって望ましいとも言えないからだ。住民票の必要な手続きが多すぎるだけかもしれない。

　そうすると，給与に差をつけることができず，そうした場合にインセンティブが働きにくい。そうすると，インセンティブのある仕事ほどには効率的にならない。

●政治的圧力

　政府・行政が失敗する次の要因は，政治的な圧力である。議員は常に次の選挙を念頭に置きながら政治を行っている。そうした中で，特に議員の地元の選挙区に対して，何らかの利益誘導をする強い動機がある。しかし，これは特定の地域あるいは団体に利益を与えるものであって，国全体の利益とは異なる場合がある。こうした公共事業が多くなると，本来，政府が果たすべ

き役割が実施できなくなってしまう。

　また，政府の支援政策などはいったん始まると途中で打ち切るのが難しくなってしまうことがある。たとえば，産業政策などで特定の産業などを支援する場合がある。しかし，その後，産業が成長し政府の補助金などの支援の必要がなくなっても，政府の支援を止めることはなかなか難しいといったような場合だ。政治家を通じて支援の延長に向けた様々な圧力（利益誘導）がかかることがあるからだ。こうしたことを「政治的囚われ（political capture）」ということもある。要は政治的圧力から必要のない補助金が存続してしまうことになってしまう。これも本来は必要のない政府の介入だが，政治的圧力に負けて政府が失敗してしまう事例の一つである。

●集団的意思決定の問題（投票のパラドックス）

　政府がどのような政策を実施するかについて重要なことは民意が反映されることだ。しかし，次の事例が示すとおり3人の間に3つ以上の選択肢がある場合，何が3人にとって重要かを決めることができない。

　具体的に見てみよう。表11.1はAさん，Bさん，Cさんの3名がコーヒー，紅茶，タピオカの何が好きかを表している。たとえば，Aさんはコーヒーが一番好きで，その次が紅茶，タピオカと続く。3名とも別々の飲み物が好きだ。3人の一番好きな飲み物を決められるだろうか。3人の考えをまとめると次のようになる。

> コーヒー＞紅茶　（紅茶よりコーヒーが好き）：AさんとCさん
>
> 紅茶＞タピオカ　（タピオカより紅茶が好き）：AさんとBさん

この結果だけ見ると，コーヒーが一番いい飲み物のように思われる。順位は①コーヒー，②紅茶，③タピオカである。しかし，今，タピオカとコーヒーの関係を比較すると次のようになっている。

> タピオカ＞コーヒー（コーヒーよりタピオカが好き）：BさんとCさん

　そうすると順位が1位と思われたコーヒーよりも上位に来る選択肢が出てきてしまったので順位が循環してしまい，順番を決めることができなくなっ

表11.1　投票のパラドックス（集団的意思決定）

	Aさん	Bさん	Cさん
第1に好む	コーヒー	紅茶	タピオカ
第2に好む	紅茶	タピオカ	コーヒー
第3に好む	タピオカ	コーヒー	紅茶

てしまった。これを投票のパラドックスという。つまり，多数決では2つの順位を比較できるが，3つではできないということだ。

　この単純な事例が示しているとおり，3つ以上の政策的な選択肢が提示された場合，我々は整合的に政策間の順位をつけることができないということだ。さらにいえば，政府・行政は何が民意かを明確に把握することはそもそもできないということになる。

●制度上の制約

　政府の事業で注意しなければならないことは汚職に対する対応である。様々な汚職が世界中で起こっている。そのため，汚職が起こらないように様々な措置が取られている。特に，政府の調達や経理は厳密な手続きが定められている。これらは必ず必要なものであるが，そのため効率的でなくなったりする弊害もある。非効率性を社会の費用と考えた場合，それ以上の公益を生み出していることが重要だ。

　また，政府の予算は単年度主義が基本になっている。これは三権分立の中で，国会（立法）が行政を監視するためである。行政に全ての権限が集中すると，権力の濫用が起こる可能性があるからだ。しかし一方で，毎年予算を決めることにより，長期的な視点や取り組みが難しいという点も考慮に入れておく必要がある。

11.7 まとめ

　本章では市場の失敗のうち，情報の非対称性と公共財について取り上げた。情報の非対称性が存在する場合には保険などの市場が成立しなくなる可能性がある。そして，非排除性，非競合性のある公共財は市場では供給されないことなどを見た。前章と本章で見てきた市場の失敗が，政府の市場に介入する根拠だった。ただしその介入にあたっては，政府も失敗する可能性があることも検討しておく必要がある。

　本章のポイントをまとめておこう👉。

- 売り手と買い手の間で情報のあるなしがある状況を情報の非対称性という。こうした状況では市場は失敗し，そもそも市場が成立しなくなってしまう。
- 情報の非対称性には逆選択という問題と，モラルハザードという問題がある。逆選択の場合には，情報の非対称性があるために，どれが良い企業か分からず，本来であれば望ましい企業が市場から締め出されてしまう。モラルハザードは，リスクに対する補償があることで注意義務を怠る人・企業が出て市場が成立しなくなってしまう現象だ。
- 公共財は私的財と異なり，非競合性と非排除性がある。フリーライダーという問題があり，市場では提供されず，政府が提供する必要がある。

本章のキーワード

情報の非対称性	逆選択
レモンの市場	モラルハザード
私的財	公共財

排除可能性 競合性

フリーライダー 純粋公共財

準公共財 価値財

負の価値財 投票のパラドックス

◆ 練習問題

問 11.1 情報の非対称性について誤っているのは次のどれか。

① スマホの中古市場において，情報を持っているのは売り手側で，買い手側は情報が不足しているため逆選択の問題が生じる。

② 保険会社は被保険者の情報が十分にないため逆選択の問題が生じる。

③ 逆選択に対する対処方法として，強制的に保険に加入させるのは誤りである。

④ 情報の非対称性に対する対策として，品質保証は有効な手段である。

問 11.2 公共財について誤っているのは次のどれか。

① 公共財とは非排除性と非競合性を持っているものである。

② 公共財はフリーライダー問題があり，市場で供給されない。

③ 私的財は他人が使うことを排除でき，競合はない。

④ 消防や警察は公共財である。

問 11.3 以下の文章の空欄に当てはまる語句を入れなさい。

完全競争市場は総余剰が最大化され効率的であるが，独占・寡占，外部不経済，情報の ① ， ② などの要因によって不完全競争市場になることがある。政府の介入が必要なのは，こうした要因に対応するためだ。他にも ③ 財の存在，格差の存在なども政府が市場に介入する理由となる。

しかし，政府も失敗することがある。政府の失敗には様々な理由があるが，その一つは市場と違い ④ がないことである。そのためなかなか効率的にならない。それ以外には政治的圧力，制度上の制約，集団的意思決定の問題などがある。

第 3 部

ミクロ経済学のもっと先へ

国際経済——貿易は必要か

　ここから応用を扱う第 3 部になる。第 12 章では国際経済について，そして第 13 章ではゲーム理論，行動経済学，データを使った実証研究を取り扱う。ビジネスの場など様々な場面で応用できる理論だ。

　さて，これまでの章では海外を考えずに 1 つの国の経済だけを考えて市場を分析してきた。しかし，現在の私たちの生活は海外と密接につながっている。なぜ自国で全てのモノを生産せずに輸入しないといけないのだろうか？ そこから考えていきたい。

> （この章のポイント）
> ・ 世界的に保護主義が高まってきている。自国で全て生産すべきなのだろうか？ 貿易の利益とは何で，なぜ，貿易は必要なのだろうか？
> ・ 私たちの身近なモノ，たとえばスマホは 1 つの国で作られているのだろうか？ それとも多くの国が関わって作られているのだろうか？
> ・ 貿易による利益は公平に分配されているだろうか？ それとも貿易によって利益を得る層と，不利益を被る層がいるだろうか？ 自国産業を守るために関税をかけるとどのような効果があるだろうか？

12.1　貿易は必要か

　2020年の年明けから新型コロナ禍が始まり，その年の2月にはマスクが手に入らなくなった。2019年にはマスクの7割以上が輸入されており，その大半が中国で生産されていたが，中国でのコロナ感染爆発によって中国からの輸入が止まったからだ。また，世界的にロックダウンなどが行われたため，様々な物流が滞った。こうしたこともあり，マスクなど必需品は国内で生産できる体制を整えるべきだとの議論が高まった。そもそも貿易はなぜ必要なのだろうか。マスクであれば日本国内でもごく簡単に生産することができる。わざわざ輸入をする必要はないはずだ。これは他の物品もそうだ。

　また，貿易は雇用を奪うのだろうか。「海外から安い商品を輸入することによって，国内の雇用が減少している。だから，輸入することをやめ，自国で生産することによって雇用を取り戻そう」という議論もある。では，貿易と雇用の関係はどのようになっているのだろう。これらの問いのうち，本章ではまず，なぜ貿易が必要なのかについて考えるところから始めてみたい。

12.2　比較優位

●機会費用

　貿易の利益とは何かを考えるにあたって重要なのが第6章で学習した「機会費用」だ。機会費用とは，「ある行動を選択することで失われる（あきらめないといけない），他の選択をしていたら得られていた便益」であった。大学生にとっての機会費用は，もし大学に進学せずに働いていたら得られていた所得になる（第1章コラム2参照）。この機会費用の考え方を使って貿易を考える。

●絶対優位と比較優位

　この機会費用の考え方を使うと，なぜ保護貿易ではなく，自由貿易が望ましいとの主張ができるのか，その背景を理解することができる。ここでは機

会費用の応用として，この自由貿易問題を考えてみる。これを考えるために，まずは絶対優位，比較優位の2つの区別から話を始めよう。

　システム開発の会社に，システム開発のエンジニアとしてもとても優秀で，かつ細かなオフィスの雑用などもよく気がつき，誰よりもうまく事務ができるAさんがいるとする。同じ会社にシステム開発はあまり上手にできないけれど，事務の仕事をAさんほどではないがとても上手にこなすBさんがいるとする。皆さんが社長ならば，どのように人材を使うだろうか。Aさんにシステム開発もさせつつ，同時にオフィスの事務もさせるだろうか。

　しかし，Aさんの時間には限りがある。勤務時間の中で，事務をすればするほど，Aさんがシステム開発に取り組む時間はなくなる（システム開発できないという機会費用が発生する）。したがって，Bさんに事務を一手に担ってもらい，Aさんにはシステム開発に集中してもらうのが効率的だろう。

　この事例のように，AさんがBさんに比べてシステム開発でも事務でも優れている場合，これを絶対優位という。全てにおいて優位にあるからだ。これに対して，2人の得意分野を比較すると，Aさんはシステム開発と事務のどちらも得意だが，その2つを比較すれば，システム開発の方が得意だ。こういう状態にある時，Aさんはシステム開発に比較優位があるという。Bさんはシステム開発よりは事務の方が得意だ。したがって，Bさんは事務に比較優位があるということだ。この区別を使うと自由貿易の意味を理解することができる。

●機会費用の応用：自由貿易はなぜ望ましいか
　比較優位の考え方は，もともとイギリスの経済学者のデヴィッド・リカード（1772-1823）が国際貿易の仕組みを解き明かすために用いた概念だ。自動車の生産も，シャツの生産もどちらもできるA国と，自動車の生産にはかなり難があるけれど，シャツの生産はそれなりにできるB国があったとする。この2つの国がA国は自動車の生産に集中し，B国はシャツの生産に集中し，お互いに製品を貿易し合えばどうだろうか。この方がお互いに生産を最大化して，効率が良くなる。

　少し具体的に事例を見よう。表12.1のように，A国とB国は自動車とシ

表12.1　2国の労働生産性の比較

	A　国	B　国	合　計
100時間の労働で生産できる自動車の数（台数）	5	1	6
100時間の労働で生産できるシャツの数（枚数）	1000	500	1500

表12.2　2国の機会費用

	A　国	B　国
自動車1台の生産における機会費用（シャツで測る，枚）	200	500
シャツ1000枚の生産における機会費用（自動車で測る，台）	5	2

ャツを作っているとする。A国は先進国で，B国は途上国である。同じ100時間の労働で生産できる自動車とシャツの数が記されている。自動車がA国では5台，B国では1台である。同じ労働時間で生産できる量に差があるので，両国の間には労働生産性の違いがあることになる。シャツについては，A国で1000枚，B国は500枚だ。この場合，A国は自動車を作ってもシャツを作ってもB国よりも多くの生産ができる。先ほどの事例のシステム開発をさせても事務をさせても優秀なAさんと同じである。つまり，このケースでもA国は絶対優位にある。

　では自動車とシャツを作るそれぞれの国の機会費用を見てみよう。それは表12.2のとおりになる。A国における自動車の機会費用はシャツ200枚分だ。なぜなら，100時間の労働で自動車を5台生産したら，同じ時間でできるはずのシャツ1000枚が生産できないからだ。すると1台あたりの機会費用は1000枚÷5台＝200枚となる。同じようにB国の自動車の機会費用は500枚である（500枚÷1台＝500枚）。

　逆にシャツ1000枚生産の機会費用はどうだろうか。A国では1000枚を作るのに必要な時間は100時間だ。この時間を使ったならできた車の台数は5台だ。この5台が機会費用となる。B国では100時間でできるシャツの枚数が500枚だ。ということは1000枚作ろうとすると200時間の労働

表12.3　貿易の効果（車＋4台，シャツ－500枚）

	A 国	B 国	合 計
200 時間（A 国）の労働で生産できる自動車	10	－	10
200 時間（B 国）の労働で生産できるシャツ	－	1000	1000

が必要なことになる。ここで 200 時間の労働でできる車の台数を見ればよい。B 国では 100 時間の労働でできる車の台数は 1 台である。したがって，200 時間の労働を使ったならできた車の台数は 2 台となる。この 2 台が B 国におけるシャツ 1000 枚を作る際の機会費用だ。

　さて，ここからが大切だ。A 国と B 国の機会費用の額を見てみよう。自動車生産の機会費用を比較すると A 国の方が機会費用（あきらめないといけないシャツの枚数）が少ないことが分かる（A 国 200 枚＜ B 国 500 枚）。また，逆にシャツの方は B 国の方が機会費用が少ないことが分かる（A 国 5 台＞ B 国 2 台）。先進国の A 国は自動車およびシャツのどちらの生産についても優位な絶対優位にあった。しかし，機会費用を比較すると A 国は自動車生産に比較優位があるが，シャツについて比較優位はない。逆に，途上国の B 国はシャツに比較優位があることが分かる。

　こうした状態では両国が貿易をするとどうなるだろう。実は両国は貿易によりどちらも利益を得ることができる。これを貿易の利益という。表 12.3 で少し具体的に見てみよう。両国とも今，100 時間ずつ自動車とシャツのどちらも生産をしているとする（各国とも合計の労働時間は 200 時間）。ここから A 国は自動車だけに 200 時間を使い，B 国はシャツだけに 200 時間を使い生産を集中する（これを特化という）としよう。そうすると，生産を特化する前の表 12.1 と比べて両国の合計の生産量は車が 6 台から 10 台へと 4 台増加し，シャツは 1500 枚から 1000 枚へと 500 枚減っている。

　この場合，車が増加し，シャツが減少しているので全体として貿易の利益がどうなのかよく分からない。そこで，A 国はもとの表 12.1 の 100 時間から 20 時間の労働だけをシャツから車に振り向け，B 国はシャツの生産に特化したらどうなるだろうか。そうすると，表 12.4 から車の生産は増減ゼロ

表12.4　A国が20時間の労働をシャツから車に移したら（シャツ＋300枚）

	A 国	B 国	合 計
120 時間の労働で生産できる自動車	6	－	6
80 時間(A 国)，200 時間(B 国)の労働で生産できるシャツ	800	1000	1800

でシャツが1500枚から1800枚へと300枚増えていることが分かる。つまり，両国とも自国内だけで自動車とシャツを生産するということをやめて，貿易により相手国から輸入することを前提にすると，世界はより豊かになることになる。このケースの場合であれば，シャツ＋300枚分豊かになったということだ。

　このように機会費用を考慮すると，国によって生産を特化し貿易することによってお互いにより多くのモノを消費できるようになることが分かる。自由貿易が望ましいとされるのはこのためである。

●比較優位を生み出すもの

　ここの議論はリカードの比較優位論にもとづき労働生産性だけが比較優位の源であるとしてきた。しかし，他にもその国の比較優位を作りそうなものがある。それはたとえば以下のようなものである。
・　技術力，労働者の熟練度
・　教育水準
・　鉱物（石油，ダイヤモンド，鉄）など天然資源の埋蔵量
・　気象条件
　気象条件などは変化させることができないが，それ以外の教育水準や労働者の熟練度などは変化させることができる。

> **ここがポイント！**
> 　機会費用をもとに比較優位を検討すると，各国で産業を特化しお互いに貿易をした方が世界全体では財の生産量が増えて望ましい。

●比較優位論は途上国からはどう見えるか

リカードの比較優位の考え方はとてもパワフルな説得力を持っている。しかし，同時に先進国と途上国の格差を正当化する部分もあることを忘れてはならない。工業製品と農業製品では，交易条件（輸出品と輸入品の交換比率）が異なる。どの国も産業化して自国で製品を作りたいと思っている。その方が安定的に経済成長できるからだ。

しかし，比較優位の理論では途上国が産業化すべきという議論にはなりづらい部分がある。かつて，韓国が農業国であった時に，産業化を目指して鉄鋼業を育成しようとして世界銀行に融資を申請したことがあった。しかし，「韓国の比較優位は農業である」と相手にされず，融資をしてもらえなかった。もちろん，韓国はその後，独自に鉄鋼業を育成し，いまや韓国の比較優位が農業にあるという人はいないだろう。今では比較優位は教育などによって変わっていくという理論（動的比較優位理論など）も研究されてきている。

12.3　日本の貿易

日本にとっても貿易は重要だ。図12.1は輸出入の推移を示したものだが，輸出と輸入がそれぞれの時代で額が違う。青い棒線で示されている差引額は貿易収支を示したものだ。1980年代から2000年代は貿易収支が黒字であった。輸出の方が輸入を上まっていたのだ。2010年代に入ってからはこれが反転する年が増えた。最大の要因は2011年の東日本大震災の福島第一原子力発電所の事故を受け，火力発電所向けの液化天然ガス（LNG）の輸入増加や，原油高で輸入額が膨らんだことだ。また，輸出の方もヨーロッパの債務危機などで大幅に減少したことなどが影響した。

私たちはスーパーに行くとブラジルの鶏肉，チリのブドウやワインなど，様々な国から輸入された製品を買うことができる。一方で，貿易が制限されているため，国内で思うように消費できないものもある。バターだ。バターは国内の酪農を保護するため貿易が制限されており，民間では輸入できない。そのため年によってはバターが市場から不足し，「お1人様，1個限り」とバ

図12.1 日本の輸出額および差引額の推移

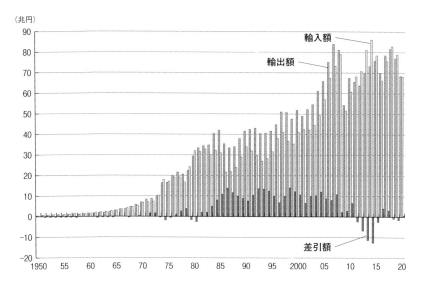

（兆円）

輸入額
輸出額
差引額

（出所）　財務省貿易統計。
https://www.customs.go.jp/toukei/suii/html/time_latest.htm

ター売り場の棚に書かれているのを見たことがある人もいるだろう。夏にか
けてバターが不足することが多く，7-8月ごろになると政府が緊急輸入する
という新聞記事がよく出ている。

　年によってはクリスマスの時期にバターが不足し，クリスマスケーキの製
造・販売を中止せざるを得なかった人気店も出たことがある。これはバター
の原料となる生乳は保存がきかず，牛乳に優先的に使われ，その次に単価の
高い生クリーム，チーズに使われる。残りの生乳でバターが作られるからだ。
酪農家は減少しており，それに応じて生乳の生産量も1996年をピークに減
少してきているため，バターの生産をするための生乳が足らなくなってしま
ってきているのだ。

　バターは輸入が禁止されているため消費者が自由に好きなだけ消費ができ
ないという意味で，消費者が貿易の利益を享受していない製品である。しか
し，このことは輸入と国内生産者の保護という別の問題も提起している。こ
の点は貿易を考えるにあたって重要な点なので，後ほど触れたい。

コラム　グローバル・バリュー・チェーン（GVC）

　比較優位の議論の中では先進国のＡ国と，途上国のＢ国がそれぞれ自動車とシャツの生産に特化することにより貿易の利益がある点を明らかにしてきた。しかし，現代ではもう少し事態は複雑化してきている。多くの製品が国境を超えて製造されているからだ。iPhone は中国で組み立てられアメリカや日本に輸出されている。しかし，その部品の8割以上は日本や韓国で生産される半導体，ディスプレーなどで，中国製の部品は 15% にすぎないという試算もある[1]。これは iPhone だけではなく，ファーウェイのスマホも状況は似ている（図 12.2）。

　つまり，中国で行われているのは組み立てのみで，その製品を作り上げているのは国境を超えた生産ネットワークだ。さらにいえば，iPhone のデザインはカリフォルニアのアップル本社で行われている。設計から部品の調達，流通，販売と様々な国のネットワークで作られている。このようにグローバルに付加価値（バリュー）が製造の流れ（チェーン）の中で作られていくため，グローバル・バリュー・チェーン（GVC）と呼ばれている。ちなみに付加価値とは製造過程の各段階で新たに付け加えられた価値のことだ。

　GVC を図示したものが図 12.3 だ。人が微笑んでいるように見えるのでスマイルカーブと言われている。縦軸は付加価値を表しており，上にいくほど付加価値が大きい

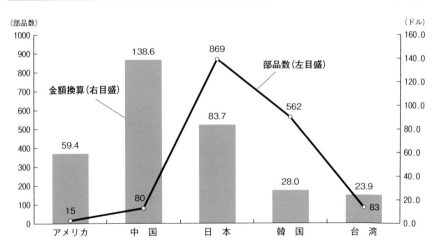

（出所）　日本経済新聞 2019 年 6 月 27 日の記事より筆者作成。

---

[1]　政策研究大学院大学シン・ユーチン教授の試算（朝日 Globe，2019 年 4 月 7 日）。

図12.3　グローバルチェーンのスマイルカーブ

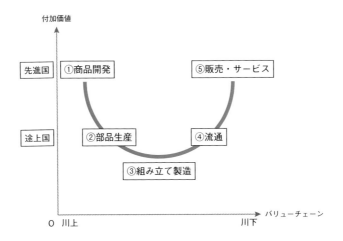

(出所)　島田（2021）より。

ことを示している。たとえば iPhone でいえば，設計やデザインはアメリカで行われている。言うまでもなく，この部分の付加価値はとても高い。製品そのものを左右するからだ。これに対して，部品の生産や，組み立て，流通という過程での付加価値そのものは高くない。次に付加価値が高いのは先進国における販売やサービスだ（さらに詳細に GVC について学ぶには巻末の文献紹介にある猪俣哲史（2019）を読むといい）。

12.4　貿易による利益と不利益

　貿易が利益をもたらすことは比較優位の項目で見たとおりだが，その利益は国の中で同じように得られるわけではない。一つの国の中において，利益を得るグループとそうでないグループが存在することになる。

●輸出による利益と不利益
　図 12.4 には輸出がない場合の市場均衡（左）と，輸出がある場合の市場の状態（右）が描かれている。パネル A はこれまでと同じで，市場均衡で消

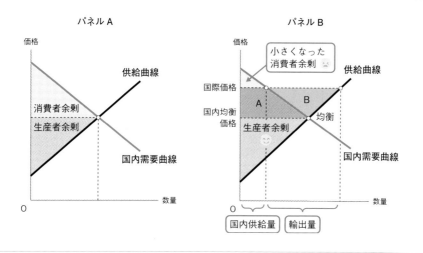

図12.4　輸出の利益, 不利益

費者余剰と生産者余剰が最大化している。問題は, 消費者余剰と生産者余剰が輸出の開始により, どのように変わるかだ。

パネルBはこの輸出が開始された状態だ。輸出がされるということは, 国内で得られるよりも高い価格で製品が売れるということだ。そのため, 国内均衡価格よりも高い価格として「国際価格」が書き込まれている。国際価格はこれまでの国内均衡価格よりも高くなるので, 企業は供給曲線のとおり, より多く供給したいと考える。一方, 国内の消費者は値段がこれまでの国内均衡価格から国際価格まで上がるので, 需要が減少してしまう。この国際価格と需要曲線, 供給曲線が交わる点は均衡にはなくギャップがある（供給の方が大きい）。国内での需要が減っているからだ。このギャップの部分こそが, 海外に輸出される輸出量になる。

さて問題は余剰がパネルAに比べてパネルBでどう変化したかだ。まず, 消費者余剰を比べてみよう。輸出が始まったことで, 消費者は高い価格を支払わなくてはならなくなった。このため, 消費者の余剰は小さなものになっている。逆に生産者余剰はどうだろうか。生産者余剰は価格が上昇して, グッと上に上がり, 輸出分A, Bも含むのでかなり大きくなっていることが分かる。

消費者余剰と生産者余剰を足した総余剰ではどうだろうか。総余剰は色の塗られている全体の面積がどう変化したかだ。パネルBの右上のBと書かれている部分は輸出が始まったことによりこの国が新たに得た余剰部分だ。つまり，全体としては貿易によりこの国は利益を得ているのだ。

　しかしながら，同じ国の中でも生産者と消費者では利害が違うことが分かる。この国にとっては輸出をすることにより，より高い価格で生産量も増えて大きな利益を手に入れている（生産者余剰が大きくなる）。これに対して，消費者は値段が高くなり，これまで購入できた量を減らさざるを得ないので不利益を被ることになるのだ（消費者余剰が小さくなる）。

　この場合，貿易から得ている利益は国全体としては大きいので，消費者に対して何らかの補償を行う余地があり，そうした利害の調整が必要になってくる。

●輸入による利益と不利益
　では輸入の利益と不利益はどうだろうか。図12.5は輸入が始まった場合の余剰が描かれている。輸入がある前は図12.4のパネルAと同じなので，比較しながら見てもらいたい。輸入があるということは，国内の均衡価格より安い製品が国内に入ってくるということだ。この価格が国際価格として，国内均衡価格の下に書かれている。つまり輸入が始まると製品の値段が下がるので，需要は高まり，国内の供給は減少する。この増えた需要と減少した供給のギャップが輸入量となる。国内で生産されるのは，国際価格と供給曲線が交わるところまでだ。つまり次のようになる。

　需要＝国内生産量＋輸入量

　この時，余剰は輸入がなかった時と比べて大きく変化している。まず，生産者余剰はAの面積分だけ減少している。安い値段で供給せざるを得ず，生産量も減少してしまったからだ。一方，消費者余剰は増加している。もともとの均衡価格よりも安くなっているので，消費者にとっては利益があったからだ。この消費者余剰の増加が，AとBと書かれた部分だ。

　総余剰はどうだろうか。輸入により安い製品が手に入ることにより，輸入

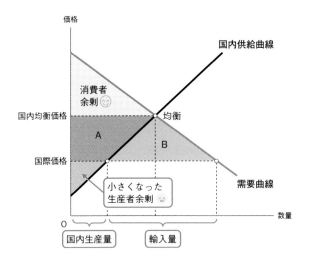

図12.5 輸入の利益, 不利益

価格

国内供給曲線

消費者
余剰 ☺

国内均衡価格　　　　　　　　　均衡

A

B

国際価格

需要曲線

小さくなった
生産者余剰 ☹

0　　　　　　　　　　　　　　　数量

国内生産量　　　輸入量

がなかった時と比べてBの部分が大きくなっていることが分かる。これがこの国にとっての貿易の利益だ。ただ，その利益は輸出の場合と同じように生産者と消費者で同じように得られているわけではない。

　生産者は輸入されることによって不利益を被っている。安い値段になり，生産量も減少するからだ（生産者余剰の減少）。一方で，消費者は安い製品を手に入れられることになり利益を享受している（消費者余剰の増加）。つまり，輸入の場合も消費者と生産者で利益が相反することになる。ただ，それでも輸入がなかった時に比べて拡大した余剰B分だけ貿易の利益を国全体としては得ているので，輸入を止めるよりは続ける方が良い選択だ。その上で，生産者に対して不利益に対する補償を行うなどの調整が必要だ。

12.5　貿易政策

　比較優位の理論から考えると自由貿易は望ましく，貿易をする双方にとって利益のあるものである。しかし，多くの国は何らかの形で貿易政策をとっ

ている。たとえば，国内市場保護のために輸入品に対して関税をかけている場合もある。ではこうした貿易政策はどんな効果があるのだろうか。本節では関税，輸入割り当て，の2つを取り上げて検討する。

●関税の輸入への影響

関税は外国の製品に対して課される税である。たとえば，日本はコメに対してキロ当たり341円[2]の関税を課している。これは日本のコメ生産農家を保護することがその目的である。つまり，関税は図12.6のように外国製品の価格を上げて国内に入りにくくするものである。

図には国内の需要曲線と供給曲線が描かれている。今，国際価格は国内の需要と供給で決まる市場均衡価格より安い（ここでは話を単純化するために，国際価格は，この国からの需要では影響を受けないとする。これを小国の仮定という。小国であるために国際市場に大きな影響を与えないというものだ）。この市場均衡価格は図で均衡と書かれているところで決まっている。

しかし，国際価格はずっと安いのだ。この安い価格で輸入が始まると，安いので需要は大きく，逆に国内の供給は少なくなってしまう。価格が安すぎて供給が割にあわないからだ。つまり，ここでは買いたい消費者の需要量と，売りたい生産者の生産量の間に大きなギャップができてしまう。逆に海外の企業は，国際価格で供給したいと考えている。このため，輸入はこのギャップを埋める形で入ってくる。つまり国内需要は次のような形で満たされることになる。

> 国内需要＝国内生産量＋輸入量

この時，国内産業を保護するために関税を課すとする。そうすると価格が上昇する。この時の国内価格は国際価格に関税額を足したものになる。価格が上昇するので，供給は増え，需要は減少する。図の中で「関税がない場合の輸入量」の時に比べると需要と供給のギャップは狭くなっていることが分かるだろう。つまり輸入は減少するのだ。

---

[2]　2022年12月現在。この関税はWTO協定で約束したミニマム・アクセスの輸入量を超える数量に対する税率である。

図12.6　関税の影響

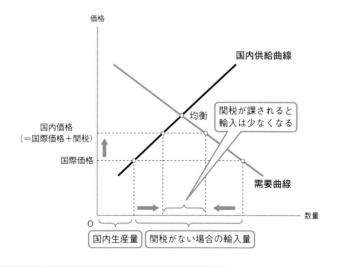

価格

国内供給曲線

均衡

関税が課されると
輸入は少なくなる

国内価格
（＝国際価格＋関税）

国際価格

需要曲線

数量

O

国内生産量　関税がない場合の輸入量

●関税の余剰分析

　では次に関税がどのように余剰に変化を与えるか分析してみよう。国際価格で安いモノが手に入る場合，図 12.7 で色が塗られた部分全て（Ａ＋Ｂ＋Ｃ＋Ｄ＋Ｅ）が消費者余剰となる。需要曲線より下で，支払う価格より上が消費者にとってトクになる部分だからだ。

　これが，関税がかかると価格が上昇するので需要曲線の下の部分の面積も縮小する。新たな消費者余剰はＡの部分だけになる。つまり，Ｂ＋Ｃ＋Ｄ＋Ｅの部分の消費者余剰は失われてしまう。では，この失われた消費者余剰はどこにいくのだろうか。まず，Ｄは次の式のとおり政府の関税収入だ。

　　関税収入（Ｄ）＝輸入量×関税

　ＢとＣの部分は国内の生産者に対する支払いだ。なぜなら，国内生産量×価格上昇分であるからだ。この時，Ｂは生産者にとっての利潤になる。なぜなら，Ｃは生産の増加に伴う費用の増加だからだ。式の形でまとめると次のようになる。

図12.7　関税による社会的損失

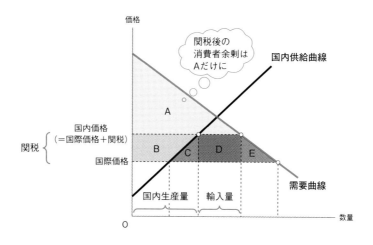

国内生産者に対する支払い＝国内生産量×価格上昇分（課税額）

＝国内生産者の利潤（B）

＋費用の増加分（C）

このCは関税が課せられたことにより新たに発生した費用だ。もともとは消費者余剰であった部分であるが，このCの部分は失われてしまった死荷重，社会的損失になる。同じようにEの部分も元は消費者余剰であったが，課税によって失われてしまった死荷重である。まとめると次のようになる。

B：国内生産者にとっての利潤

D：政府の関税収入

CとE：死荷重（社会的損失）

つまり，関税をかけて国内産業を保護するために，このCとEの部分だけ関税によって経済に浪費が生まれ，非効率になってしまっているということだ。この部分がこの国の社会が支払うコストである。

冒頭で述べたとおり，関税を課すには国内の生産者を保護するという目的があるわけだが，一方でこうした社会的損失が出る。政策として関税をかけ

る場合には，そうした非効率の側面も考慮して関税という選択をする必要が
出てくる。

ここがポイント！🖢

　関税をかけることにより国内産業保護は可能になるが，社会的な損失
（死荷重）も出てしまう。

●輸入割り当て（クォータ）
　関税以外に国内市場を守る政策として輸入割り当て（クォータ：quota）
がある。外国から入ってくるモノの輸入数量を制限するものだ。日本はたと
えば，アジ，いわし，さばなどの水産物の輸入割り当てをしている。数量を
制限すれば，それ以上は国内には入って来ないので国内生産者の保護になる。
　ただ，関税と違う点が２つある。一つは関税収入がなくなることだ。もう
一つは，許可証が発行された会社あるいは個人だけが輸入できることだ。こ
の時，安い国際価格と，高い国内価格の差から得られる利潤は全て許可証を
持っている人たちだけが得ることができる。

12.6　政府はどのような場合に必要か

　前節で見たように，関税のように自由貿易に対して政府が自国の市場を保
護する政策や考え方（保護主義）は無駄（死荷重）が生じてしまう。では，こ
れに対して政府の役割が必要だとする議論について見ておきたい。

●国の安全保障
　新型コロナ禍でマスクが必要になった際に，中国からの輸入が思うように
できず国内で生産すべきだとの議論が噴出した。ロシアによるウクライナ侵
攻を受けて，ドイツなどが天然ガスの輸入の問題が生じたのも安全保障上の
問題だと言えるだろう。

紛争，感染症，災害などの際に輸入がストップすると，国民生活が大きく乱される可能性がある。日本にとってはコメをはじめとして，食料安全保障なども議論されたりする。こうした場合に備えるべきかどうかは経済学の範疇ではなく，政治の領域に入ってくる。そこでの判断が民主的に行われることが必要だろう。経済学にできることは，その判断のための分析視点を提供することだ。

　どこまで自由貿易にして，どこからは関税によって自国産業を保護するのか。安全保障上のベネフィットと，市場経済上のコスト（非効率や，無駄が生じること）を比較できるようにすることだ。それによって，より良い政策選択ができるようになる。

●生物多様性，環境問題，労働環境，児童労働，紛争とのかかわり

　自由貿易になったからといっても，全てのものが何の制限もなく作られ貿易取引されていいわけではない。

　たとえばアフリカでは多くのアフリカゾウが密猟によって殺されている。象牙がターゲットだ。日本でも象牙は印鑑の材料として使われてきた。しかし，その需要が大きくなりすぎたため密猟が横行し，アフリカゾウは絶滅の恐れが出てきている。そのため，現在はワシントン条約（絶滅のおそれのある野生動植物の種の国際取引に関する条約）において象牙の国際取引は禁止されている。アフリカゾウに限らず，生物多様性を脅かすような国際取引や，環境破壊を引き起こす取引も制限が必要だろう。

　また，途上国で製品が安く作られるのは，先進国と異なり環境に対する規制が緩く，労働条件も先進国ほど充実させる必要がないからだ。製造コストが安く済むのだ。そうした国で生産されるものを輸入して生活すると，先進国の空気や水はきれいに保てるが，途上国における環境は悪化する。

　途上国においては，劣悪な労働条件という問題もある。2013年にはバングラデシュの首都ダッカにあるラナ・プラザという商業ビルが崩壊し，1000人以上が亡くなった。このビルには先進国のアパレル製品の生産を受託している縫製工場が入っていた。違法建築ということもあり事故の前日から壁にヒビなどが入り始め，従業員が通報していた。検査が必要であるとし

て警察は退去命令を出したが，工場側は仕事に戻らない従業員は減給すると
して操業を継続した。翌日，ラナ・プラザは崩壊した。途上国の労働者にこ
うした人権上の問題がある場合は何らかの制限が必要になる。途上国の労働
については，西アフリカ地域における，チョコレートの原料となるカカオ栽
培の児童労働の問題などもある。

　また，アフリカのシエラレオネなどの内戦地域で，ダイヤモンドの交易か
ら得た外貨が紛争当事者の資金源となり，武器の購入資金として使われ，内
戦が長期化，深刻化していた。こうしたダイヤモンドは紛争ダイヤモンドな
どと言われる。レオナルド・ディカプリオ主演の映画「ブラッド・ダイヤモ
ンド（血塗られたダイヤモンド）」はまさにこの問題を扱った映画だ。現在は，
国連において紛争ダイヤモンドを規制し監視するキンバリープロセスが合意
されている。現在も監視が十分かという問題はあるが，こうした紛争を引き
起こすような取引は制限されることが必要だろう。

●途上国の幼稚産業保護
　議論が分かれているのが途上国の幼稚産業保護の問題だ。途上国において
は経済成長するために新たな産業を創出する必要がある。こうした新しい産
業は幼稚産業と呼ばれている。しかし，国際貿易があり，より優れた技術を
持つ先進国の企業と競争することになった場合，そうした途上国の新しい産
業や企業は競争して勝ち抜く可能性は少ない。そのため，こうした産業・企
業は関税などによって保護されるべきだという議論だ。そうした議論の中で
事例として出されるのが日本の自動車産業だ。

　戦前の日本の自動車市場は1930年代半ばまではゼネラルモーターズ
（GM），フォード，クライスラーが主な供給者であった。しかし，日本は
1936年に自動車の国産化を目指す自動車製造事業法を制定し，日産自動車
と豊田自動織機製作所（のちのトヨタ自動車）の2社だけに自動車の生産許
可が出された。GM，フォード，クライスラーの3社は日本市場から撤退し，
その時点ではまだ幼稚であった日本の自動車産業が競争できる段階まで育っ
ていくように保護したのである。

　一方，保護政策に対する反対派はやはりそうした保護は非効率や無駄を生

むので望ましくないとしており，途上国においては特に，1980年代以降に世界銀行やIMF（国際通貨基金）が主導し，保護を除去することを条件に貸付を行う構造調整融資が途上国に対して行われた。こうしたラディカルともいえる形で保護を除去した政策については格差を拡大したとも言われており，現在でも評価が分かれている。

12.7 まとめ

　本章では貿易はなぜ必要か，比較優位論から貿易の利益について議論を行った。その上で，貿易の利益がどのように分配されているのかについて見た。輸出は生産者に，輸入は消費者にそれぞれ利益をもたらしていた。一方で，輸出は消費者にとってより高い価格を払わないといけないため不利益をもたらし，輸入は生産者にとってより価格が低くなり生産量が減少するため同じく不利益をもたらしていた。

　また，貿易政策としての関税，輸入割り当てがどのように政策に影響を与えるかを分析した。

　本章のポイントをまとめておこう👉。

- ・ 機会費用によって比較優位を検討すると，各国で産業を特化した方が世界全体では財の生産量が増えることが分かった。
- ・ 現在，スマホなど多くの国がグローバル・バリュー・チェーンの中で国境を超えた生産体制を整えモノが生産されている。
- ・ 貿易の利益は生産者と消費者で同じように得られているわけではない。
- ・ 関税をかけた場合，死荷重が発生してしまう。こうした浪費のコストも考慮して貿易政策を考える必要がある。具体的には国の安全保障などベネフィットと比較しながら決定する必要がある。

本章のキーワード

絶対優位　　　　　　　　　　　比較優位

グローバル・バリュー・チェーン（GVC）

スマイルカーブ　　　　　　　　関税

貿易政策　　　　　　　　　　　輸入割り当て

保護主義　　　　　　　　　　　児童労働

紛争ダイヤモンド　　　　　　　キンバリープロセス

幼稚産業保護

◆ 練習問題

問12.1　AさんとBさんが1日中レポートを書いて過ごす場合，Aさんは10のレポートを書き，Bさんは5つのレポートを書く。一方，彼らが1日中ケーキを作って過ごす場合，Aさんは6個，Bさんは4個を作ることができる。この説明から分かるものとして最も正しいものは以下のいずれか。

①　Aさんはレポート作成において比較優位を持つ。

②　Aさんはレポート作成とケーキ製作の両方において比較優位を持つ。

③　Bさんはレポート作成において比較優位を持つ。

④　Bさんはレポート作成とケーキ製作の両方において比較優位を持つ。

問12.2　下の表は日本とベトナムが生産するPCとシャツの量を表している（1つの財だけを生産する場合）。日本が絶対優位を持つものは，以下のどれか。

①　PCのみ。

②　シャツのみ。

③　PCとシャツの両方。

④　どちらにも絶対優位を持っていない。

PCとシャツの生産可能性

	PC	シャツ
日本	50	30
ベトナム	10	20

問12.3　問12.2の表について答えなさい。ベトナムが比較優位を持つものは，以下のどれか。

① PC のみ。
② シャツのみ。
③ PC とシャツの両方。
④ どちらにも比較優位を持っていない。

問 12.4　問 12.2 の表について答えなさい。日本が比較優位を持つものは，以下のどれか。
① PC のみ。
② シャツのみ。
③ PC とシャツの両方。
④ どちらにも比較優位を持っていない。

問 12.5　以下の文章で誤っているものはどれか。
① 日本ではなくバングラデシュで衣服を多く生産している理由は，衣服の生産に関しては，バングラデシュの方が日本よりも比較優位があるためである。
② 他の国々に比べて，どの産業においても生産性が劣っている国は，貿易をすることによって利益を得ることはできない。
③ 日本は，日本に対して何かしらの比較優位がある国であれば，どんな国と貿易してもその利益を得ることができる。

第13章
武器としてのミクロ経済学

　いよいよ本書も最終章になった。ここまで完全競争市場，不完全競争市場，国際経済について学んできた。本書はミクロ経済学の基礎を学び，さらに次の段階へ勉強を進めてもらうことを目的としている。ここでは，次の段階の学びのために重要かつ，とても面白い（と少なくとも著者は思う）理論を紹介しておきたい。巻末の文献紹介を手がかりにさらに学びを深めてほしい。本章で扱うのはゲーム理論，行動経済学，ランダム化比較試験（RCT）などである。

> **この章のポイント**
>
> ・企業の実際の活動では，価格だけを見て戦略を立てるのではなく，具体的なライバル企業との競争の中で価格を設定している。これはちょうど，企業 A と B のゲームのような状況だ。お互いの行動が，相手の反応を呼び起こす。ではどのような結果になるのだろうか？
>
> ・人々は本当に完全競争市場モデルが想定していたように合理的に思考し，行動するのだろうか？ それとも，意思決定の仕方には何かのクセがあるのだろうか？
>
> ・経済のモデルが本当に現実を正確に把握できているのか，データでどのように分析すればいいのだろうか？ 実証分析はどのようにすればいいのだろうか？

13.1　ゲーム理論

　市場での均衡価格は，需要と供給曲線が交わるところで決まる。消費者も生産者も自分たちが好きなだけモノを買い，売ることができた。この世界ではライバルはいなかった。しかし，生産者にとっては価格を決める時には自分のライバルである競争相手のことを考えながら戦略的行動を考える。たとえば，駅前のカフェにとっては，100m 先にあるカフェのコーヒーの価格が気になるだろう。このように実際の企業の行動は当然，競争相手があって変化していくものだ。相手が価格を下げたら，こちらも価格を下げるか維持するかなどを考えながら競争は展開していく。

　こうした相手との関係の中で企業や個人の動きが変わっていくことを理論化したのがゲーム理論である。ここでは囚人のジレンマを見てみたい。

●囚人のジレンマ

　囚人のジレンマとは，銀行強盗か何かの犯罪を犯して逮捕された共犯の囚人 2 人が直面するジレンマだ。経済学と関係ないように思えるが，企業や個人の選択が他者との関係の中で変わってくるという点では同じだ。

　さて，まず囚人となった 2 人はそれぞれ別の取調室に入れられる。取調室の中では 2 人が連絡をとりあったり，相談をしたりすることはできない。したがって，それぞれの囚人は相手の選択を想像するしかない。

　こうした状況の中で取り調べが進むわけだが，2 人は黙秘を決め込み全く話そうとせず事件の解明が進展しない。業を煮やした取り調べ官は司法取引を提案することにした。囚人 A も B もそれぞれ次のように告げられる。

　「このまま黙秘を続ければ懲役 3 年の刑が言い渡されるが，もし自白すれば無罪にしよう」と個別に持ちかけるのだ。表 13.1 にこの選択が整理されている。まず，囚人 A にとって行動の選択肢は 2 つ：黙秘か自白かである。これは囚人 B も同じだ。表の中に数字が書き込まれているが，これはそれぞれの囚人の懲役年数だ。たとえば，左上の欄①には（懲役 3 年，懲役 3 年）と書かれている。これは左側が囚人 A の年数，右側が囚人 B の年数を表す。こうなるのは，2 人とも黙秘をした場合だ。この場合には 2 人とも懲役 3 年

表13.1　囚人たちの直面するジレンマ

囚人B／囚人A	黙　秘	自白する
黙　秘	① (懲役３年，懲役３年)	② (懲役10年，無罪)
自白する	② (無罪，懲役10年)	③ (懲役５年，懲役５年)

となる。

　取り調べ官の司法取引に応じて無罪になるのは自分だけが自白をした場合で，相手は黙秘を続けている場合だ。つまり，共犯者を裏切れば自分は無罪となるということだ。ただ，お互いに別の取調室にいるので相手が黙秘を続けているのか，あるいは自白をしてしまっているのかは分からない。ただ想像できるだけだ。

　このケースは表13.1の枠内に②と書かれているケースで２ケースある。一つはAは裏切って自白をする戦略に出たが，BはAを信頼して黙秘を貫くケースである。このケースではAは無罪に，Bは懲役10年になってしまう。もう一つは逆で，BがAを裏切る戦略をとった場合，Bは自白をして無罪になるケースだ。AはBを信じて黙秘を貫いたために懲役10年になってしまう。

　３つ目のケースは２人とも自白してしまう③のケースだ。このケースでは司法取引は成立せず（成立するのは自分だけが司法取引に応じて自白した場合），２人とも５年の懲役刑を受けることになる。

●ナッシュ均衡

　表13.1のような場合，囚人AとBはどのような選択をするだろうか。相談もできないし，相手が自白しているのかどうかは分からない。①の２人とも黙秘を続けるというのが２人にとって最も良い選択肢だ。２人で足して６年間の刑期で，これは他の選択肢よりも短い。他の選択肢②の場合も③の場合も刑期は２人で10年である。つまり，どちらかが自白をすると全体としての刑期は長くなる。

問題は，この 10 年の刑が場合によって均等ではないことだ。AかBのどちらかだけが抜け駆けをして自白をしてしまえば，もう一人の方は 10 年の刑になってしまう。しかし，抜け駆けをした本人は無罪だ。

　この場合，囚人AとBはどのように自分の行動を選択するだろうか。自分が黙秘を続けていても，相手も黙秘をしてくれるかは分からない。相手だけ自白をしてしまえば自分だけが 10 年も刑に服さなければならなくなる。この場合，最適な戦略はどうなるだろうか。自白しないという選択肢をとることにより，懲役 10 年になるリスクがあるのであれば，自白を選ぶのがより合理的な戦略といえるだろう。これは囚人AとBどちらにとっても同じだ。

　つまり，この状況で落ち着くところは③の枠だ。つまり，お互いに自白し，懲役 5 年に服するというものだ。

　これは 2 人で懲役 10 年（1 人 5 年ずつ）だから，本来，この 2 人にとって最も望ましかった①の選択とは違う。①であれば 2 人で懲役 6 年（1 人 3 年ずつ）だったからだ。つまり，最も望ましい均衡（①）に行かずに，別のところ（③）に落ち着くのだ。

　これまでの完全競争市場の市場均衡では価格に対して企業や消費者が反応し，最適な行動を選ぶと均衡に達すると考えてきた。しかし，今回の囚人のケースでは戦略的には相手の出方に最も適切に反応している。また，囚人AもBも自分だけが対応を変えても事態は改善しない。このような均衡を数学者ジョン・ナッシュにちなんでナッシュ均衡という（ナッシュの人生についてはコラム参照）。これはプレイヤーがお互いに最良の戦略をとっていて，自分だけの戦略変更では事態がよくならないというものだ。このケースがまさにそうだ。2 人とも戦略の選択を変えることはないので，これは均衡である。

　しかし，ナッシュ均衡は 2 人にとって最も望ましい結末ではないことは明らかだ。2 人にとって最も望ましいのは，お互いに黙秘を守り 3 年の懲役で終わらせることだからだ。これはナッシュ均衡の 2 人とも，5 年よりもより改善された状態である。つまり，パレート最適だ。これに対し，ナッシュ均衡はパレート最適ではない膠着状態である。それにもかかわらず，そこに落ち着いてしまうのだ。つまり，完全競争市場で想定されているように両者とも私利にもとづいて行動すると，損な結果になるということを示している。

コラム　ジョン・ナッシュの研究と生涯

　ナッシュ均衡は数学者ジョン・ナッシュの名前にちなんでいる。彼のナッシュ均衡が経済の問題の解明に重要な役割を果たしたことから1994年にノーベル経済学賞を受賞した。その波乱に満ちた人生はラッセル・クロウ主演で「ビューティフル・マインド」として映画化もされた（アカデミー賞を4部門で受賞）。

　1928年に生まれたナッシュは，17歳でカーネギー工科大学に入学。プリンストン大学博士課程に進学するために19歳の時に出された推薦状は異例に短いもので，「He is a mathematical genius（彼は数学の天才である）」とだけ書かれていたことは有名だ。

　22歳でプリンストン大学の博士号を取得し，ゲーム理論の発展に寄与するなど天才と言われていた。しかし，その後，統合失調症を発病。妻アリシアの助けを得ながら病気と格闘，入退院を繰り返しながら長い年月をかけて回復した。アリシアは1963年に一度ナッシュと離婚するが，その後もナッシュを看病し続けた。ナッシュの病状が回復して2人は再婚し，2015年に数学分野の最高峰の賞であるアーベル賞を受賞した。ノーベル賞が経済学分野での賞であったので，本賞の受賞をとても喜んでいたと言われている。

　しかし，オスローでのアーベル賞の受賞式の帰路に悲劇が待っていた。自宅のあるニュージャージーまで戻ってきた夫妻はタクシーで空港から自宅に向かった。そのタクシーが前に走る車を追い越そうとした時にコントロールを失いガードレールに突っ込んだのだ。夫妻はその場で死亡が確認された。あまりに突然な死で，ニュースが流れた時には声を失ったことをよく覚えている。

ノーベル経済学賞を授賞されるナッシュ
（左。右はスウェーデン国王カール16世
グスタフ，1994年12月10日）
（出所）　TT News Agency／時事通信フォト。

表13.2　コーヒーチェーン店の戦略

A社 ＼ B社	390 円	320 円
390 円	① （4000万円，4000万円）	② （0円，6000万円）
320 円	② （6000万円，0円）	③ （3000万円，3000万円）

●企業の戦略

　前項の事例は囚人であったが，彼らと同じような状況はお互いに競争している企業同士でも生じる。その事例が表13.2である。この表において，コーヒーチェーン店を展開するA社とB社は同じ町に新規に出店することにした。価格は390円と320円のどちらかになる可能性がある。通常は1杯390円でコーヒーを提供しているが，値引きして提供することもお互い検討している。①は通常提供している390円で両社とも提供するとした場合で，この時の年間収益は（4000万円，4000万円）で，両社とも4000万円である。

　しかし，今，自社が320円に値引きして，相手の会社の値段が390円に据え置かれるならば競争相手のお客を根こそぎ奪うことができるとしよう。これが②のケースだ。ここではA社だけが値引きしたケースと，逆にB社だけが値引きしたケースの2通りある。この場合，値引きした企業側は6000万円の収益を得ることができる一方，価格を据え置いた企業は収益がゼロになる。

　もしこの状況下で相手企業が価格を下げる可能性が高ければ，最適な戦略は320円に値下げすることだ。そして，その結果，お互いの企業が値引きし結果的にナッシュ均衡である③に落ち着くことになってしまう。収益は両社とも3000万円となる。これは両社とも390円であった時よりも収益は少なくなってしまう。しかし，この時に両社のどちらかだけが値段を普通の390円にしても事態は改善しない。つまり，ナッシュ均衡にならざるを得ないのだ。

●共謀の可能性

ここで表 13.2 において A 社と B 社だけでコーヒーチェーンの市場を占めており，他に企業がない場合を考えてみよう。つまり第 10 章で触れれたような寡占状態にあるということだ。この場合に，お互いに私利に従って動くのではなく，共謀して価格の据え置きに合意したらどうなるだろうか。③の戦略で得られる各社 3000 万円の収益よりも，①で価格を据え置くように合意すれば，より大きな 4000 万円の収益を得ることができる。

しかし，この共謀は不安定だ。いつ，他社が裏切って価格を下げるか分からないからだ。共謀が終わるかもしれないと不安になれば先に見たのと同じように，ナッシュ均衡である③に向かって動いていかざるを得ない。では①で共謀し，より高い収益を上げ続けるにはどうしたらいいのだろうか。それが次の項目である繰り返しゲームと言われるものだ。

●繰り返しゲーム

囚人のジレンマの非協力の状況は，1 回切りの交渉なら共謀が終了したところで終わりとなる。しかし，もしこれが何度も同じような状況になるとするとどうだろうか。たとえば，コーヒーだけではなく新製品のマキアートや，紅茶など他の新製品でもずっとゲームが続くということだ。

この場合，他社が裏切って共謀が終わるという可能性が先に伸びる。次の製品でのゲームが待っているからだ。一度裏切れば，次の製品での共謀はなくなる。それよりも次の製品でも共謀をした方がより良い条件になる。つまり，非協力がナッシュ均衡であったのが，協力することがナッシュ均衡になるということだ（これはフォークの定理と呼ばれている）。

ゲーム理論は市場の動きをよりよく理解できるようになるものなので興味を持った人は巻末の文献紹介で取り上げた本でさらに学んでみて欲しい。

13.2　行動経済学

伝統的な経済学では第 1 章で見たように「消費者は合理的に選択をする」

ことが仮定されている。企業も利潤を最大化するために合理的に経営判断を行うだろう。しかし，我々はどこまで合理的に判断できているのだろうか。これまで述べてきたことの根本にかかわる部分であるが，近年になって心理学と経済学のコラボレーションが進み，この根本の部分に疑問が投げかけられるようになっている。行動経済学と言われる分野である。

　ダニエル・カーネマンとエイモス・トヴェルスキーという２人のイスラエル出身の心理学者が共同で研究を始めたものだ。「人は合理的に判断するのではなく，系統的に間違いを行う（意思決定の仕方にクセがある）」ということを明らかにしたのだ。2002 年にはカーネマンはノーベル経済学賞を受賞した（トヴェルスキーは，その少し前 1996 年に他界していた。ノーベル賞を故人は受賞できない決まりであるためカーネマンのみの受賞となった）。2017 年にも行動経済学者のリチャード・セイラーがノーベル経済学賞を受賞しており，この分野が急速に充実してきていることがよく分かる。

　カーネマン，トヴェルスキーが発表したのが「確実性効果」，「損失回避」を含む「プロスペクト理論」である。また，セイラーは損失回避を応用して「心理会計」を研究し，人々を望ましい選択に誘導する「ナッジ（そっと押す）」を提唱した。以下でこれらについて簡単に見ていこう。

●プロスペクト理論① 確実性効果

　これまでの経済学では，人間は合理的に便益と費用を比較して判断すると仮定されてきた。これは将来のリスクがある場合もそう考えられていた。しかし，プロスペクト理論が明らかにしたのは，人間の判断に一定のクセがあることだ。プロスペクトとは英語で「見込み」という意味だ。ここでの意味は人間が合理的な判断で意思決定するのではなく，「見込み」で判断してしまうので，必ずしも合理的ではなくなるというものだ。

　たとえば，次のような割合のクジ１が提示されたら，Ａ・Ｂどちらを選ぶだろうか？ これは正解を求める問題ではなく，どちらがよいとあなたが思うか，ということだ。

（クジ1の選択肢）

（A）　100万円が11%の確率で当たり，はずれの確率が89%

（B）　500万円が10%の確率で当たり，はずれの確率が90%

　授業などで手を挙げてもらうとBが多いが，Aを選択する人もいる。では，次のクジ2の選択肢ではどうだろうか。

（クジ2の選択肢）

（A）　100万円が100%の確率で当たる

（B）　500万円が10%の確率，100万円が89%の確率で当たり，はずれの確率が1%

　この事例では，Aを選ぶ人が多い。では，経済学が想定する合理的人間の場合はどう判断するだろうか。

　これを考えるには期待値を計算すればよい。これは選択肢の利得に確率を掛け合わせて得られる。

　期待値 ＝ 利得 × 確率

　すぐにピンとこないかもしれないが，上のクジ1と2について計算してみよう。

（クジ1の選択肢の期待値）

（A）　100万円 × 11% ＝ 11万円

（B）　500万円 × 10% ＝ 50万円

（クジ2の選択肢の期待値）

（A）　100万円× 100% ＝ 100万円

（B）　（500万円× 10%）＋（100万円× 89%）＋（0円× 1%）
　　　＝ 139万円

　この期待値で見ると，クジ1でも2でも期待値はBの方が大きい。合理的に計算するとそうだが，授業で手を挙げてもらうとクジ1ではBが，クジ2

ではAが選ばれることが多い。伝統的な経済学の，合理的に判断するということを前提にすると，この現象が説明できなくなってしまう（この問題は経済学者モーリス・アレの名にちなんでアレのパラドックスと呼ばれている）。

　これは私たちが確実であるものを強く好む選択をするクセを持っているからだ。クジ2において，実際は期待値ではBの選択肢の方が高いにもかかわらず，不確実性があるために，より確実なAの選択肢が選ばれるのである。これがプロスペクト理論の1つ目のもので，カーネマン，トヴェルスキーが確実性効果と呼んだものだ。

●プロスペクト理論②損失回避

　プロスペクト理論の2つ目は損失回避というものだ。これまでの経済学の前提は，ある財を持っているか，持っていないかによって選択や判断は変わってくるものではないというものであった。しかし，私たちは一瞬でも自分のものになると，それを持ち続けたいと思うものだ。失うこと（損失）を回避したいと思うからだ。

　たとえば，11000円を持っている人が1000円を失う場合と，9000円を持っている人が1000円をもらう場合ではどうだろう。どちらの場合も最終的には10000円を持っている状態になる。しかし，精神的には1000円を得る後者は嬉しく喜ばしいが，1000円を失う前者は精神的なダメージが大きいのではないか。このように我々は損失を嫌う傾向にあり，これによって合理的な判断が歪められてしまう。

　次の問題1，2ではどうだろうか。

（問題1）
（A）　確実に100万円もらう
（B）　コインを投げて表なら200万円もらい，裏が出たら何も受け取れない

（問題2）
（C）　コインを投げて表なら200万円支払い，裏が出たら何も支払わない
（D）　確実に100万円支払う

授業で聞くと，問題１ではＡを，問題２はＣを選ぶ学生が多い。この場合，期待値は全て 100 万円だ。問題１ではＡは 100 万円× 100％ ＝ 100 万円である（確実）。Ｂも，200 万円× 50％ ＝ 100 万円だ（不確実）。問題２では支払う方なのでマイナス 100 万円とした方がいいのかもしれないが，期待値はＣもＤも同じだ。ただＣは不確実で，Ｄは確実である。

　つまりトクをする（もらえる）方では「確実な」選択肢であるＡが選ばれ，損をする（支払う）選択肢では「不確実な」選択肢であるＣが選ばれる。つまり，どの選択肢でも期待値は同じであるにもかかわらず，損失は避けたい（回避したい）という心理が判断に大きく影響しているということだ。

●現状維持バイアス

　ここまで見てきたプロスペクト理論の確実性効果，損失回避は本来ならば現状を変更する方がよくても現状を維持しようとするバイアス（思考の偏り）を産むことにつながる。これを現状維持バイアスという。

　たとえば，本当はスマホの契約について一生懸命に調べればより有利なプランがあって得なのに，そのまま契約を続けているのは現状維持バイアスといえる。「今」が参照点になって，そこから判断してしまうのだ。11000 円持っている人が，持ち金が 10000 円になるのはあまり気分がよくないが，9000 円持っている人が同じ 10000 円になるのはハッピーな出来事だろう。これも最初の金額が参照点になり，そこから判断しているから同じ 10000 円に対する感じ方が違ってくるのである。

●ヒューリスティクス

　ヒューリスティクスというのは直感的な意思決定のことだ。私たちは伝統的な経済学が想定しているように合理的に便益と費用を比較するというよりは，直感的に意思判断する。たとえば，次の２つの文のように，同じ内容でもどのように伝えられるかで判断が違ったりする（フレーミング効果）。

「コップの水はもう半分しかない」
「コップの水はまだ半分残っている」

2つの文章における水の状態は同じだが，受ける印象は違うだろう。別の例では次のような文もある。

「買った人の90%が満足している」
「買った人の10%は不満足と感じている」

　これも伝えている内容は同じだが，受ける印象は違う。ネット販売で口コミを見た場合と見ない場合では，判断が変わってくるのと同じである。

　また，第6章で扱ったサンクコストもこうしたヒューリスティクスの事例だ。たとえば，高いお金を出して買った服があり，もう2年以上着ていない。だけど，捨てられずずっと持ってしまうようなことだ。第6章の事例で扱った超音速旅客機コンコルドの失敗もそうしたものの事例と言っていいだろう。

●ナッジ（そっと押す）

　ここまで見てきたように，行動経済学によって我々の意思決定は合理的に行われるというよりは，何らかのクセやバイアスによって行われることが明らかにされた。そのため，望ましい選択が行われないこともある。ここから，ナッジという考え方が生まれてきた。ナッジ（Nudge）とは英語で「（注意を引くために肘で）軽くつつく，軽く押す，そっと押す」を意味する言葉だ。これまでの経済学のように，価格などのインセンティブの変更や，税・補助金・規制などではなく，人々を「そっと押す」ことにより望ましい選択に誘導するのである。

　たとえば，学食の入り口においしそうなサラダや野菜，果物のメニューを置くことだ。こうすることにより学生の健康的な食生活を推進することが「ナッジ」だ。これは健康に悪そうな食べ物を禁止したり，規制したりすることとは異なる介入のあり方だ。そうして，うまく人々をそっと押すには行動経済学の研究で得られた知見が必要になる。現在は，政策の現場でも行動経済学の知見にもとづきナッジを設計する試みが行われている。たとえば，世界各国に続き，日本でも環境省や経済産業省がナッジを政策に取り入れるためのワーキンググループ，ナッジ・ユニットを立ち上げるなどしている。

ここで取り扱った内容以外にも「現在バイアス（先延ばし行動）」，「心理会計」，「アンカリング効果」，「同調効果」など興味深い研究がある。巻末の文献紹介からさらに勉強をしてみて欲しい。

13.3　データを使った実証研究
──ランダム化比較試験（RCT）など

ミクロ経済学は現実の経済を読み解く武器を与えてくれる。第 1 章で述べたとおり，ミクロ経済学は地図のように私たちが進むべき方向を教えてくれるが，地図が 3 次元の世界を 2 次元の世界にしているように，情報を単純化している。したがって，このように単純化されたミクロ経済学の描く「地図」が，現実をうまく写し取れていない可能性もある。ちょうど，図 13.1 にあるような 17 世紀に作られた日本地図が不正確であったように。私たちは自分たちの持っている地図（理論）が正確かどうかを常に問い，もし正確でなければ地図をよくする努力が必要だ。そして，地図の歴史は測量などを通じて正確な地図を作ることを可能にしてきた。経済学ではその測量にあたるのが，データであり，この後に説明する実証主義というものだ。

第 2 章で見たように，ミクロ経済学という地図は 3 つの仮定がされていた。それらの仮定の上に立って理論ができているのだ。第 2 部の不完全競争市場ではこれらの仮定どおりでないケースを検討した。

その一つが情報の非対称性だった。完全情報という仮定を覆したのだ。この情報の非対称性の理論を開拓したスティグリッツらがノーベル経済学賞を受賞した。著者は同氏になぜ，この理論を考えるにいたったのかをインタビューしたことがある（経済セミナー 2020 年 2・3 月掲載，無料で読むことができるウェブサイトを巻末の文献紹介に掲載）。興味深かったのは，スティグリッツ自身が生まれ育ったインディアナ州ゲーリーで見ていた労働問題や，産業が徐々に衰退するその街の経済の状況と，大学の教科書に書かれていた経済学の「完全情報」などの仮定に大きな違和感がずっとあったと語っていたことだ。そうした違和感が，それまでの経済学に疑問を持つことにつながり，情報の非対称性と

図13.1　イエズス会の作った日本地図（1646 年）

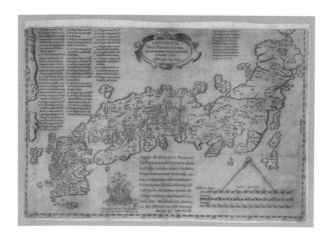

（出所）　放送大学附属図書館所蔵。

いう理論を生み出すことにつながったのだ。そして，この理論をもとにスティグリッツ自身が社会的な活動をしていくことにつながっていった（ちなみに，スティグリッツは水俣病などの問題に取り組んだ宇沢弘文（1928-2014）に強い影響を受けている）。

　経済の一つの大きな特徴は実証主義だ。これは特にポール・サミュエルソン（1915-2009）が主張し，経済学で定着した方法だ（ちなみにサミュエルソンもスティグリッツと同じゲーリーの出身だ）。簡単にいうと全ての経済理論は経済データで裏付けられ，反証されないといけないという考え方だ。たとえば，「白鳥は白い鳥だ」という命題は「黒い白鳥」がいれば誤りであることになる。経済理論も同じように，データによる反証に耐えなければ見直しあるいは捨ててしまわないといけないというものだ。

　そのため，この本の中でもデータの扱いをコラムの形で紹介してきた。経済学の中では理論研究に対して，こうしたデータを用いた研究は実証研究と言われる。現在はさらに進んで実験経済学という方法が注目されている。2019 年にアビジット・バナジー，エスター・デュフロ，マイケル・クレマーの 3 名がノーベル経済学賞を受けた。ランダム化比較試験（RCT）と言わ

図13.2 ネット広告の効果を証明する方法

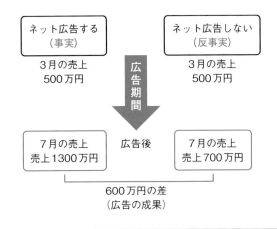

れるものだ。最後にごく簡単にこの RCT について扱っておこう。

●因果関係を明らかにする方法——事実と反事実を比較する

　第7章のコラムで見てきたとおり，相関関係と因果関係は注意してデータを見なければならない。たとえば，あなたは会社でアイスクリームの販売を担当しているとしよう。得意のネット広告をうったところインスタグラム，ツイッターなどでバズって，順調に売上が上がった。3月の売上が500万円にすぎなかったのに，7月の売上は1300万円になった（図13.2）。喜んで上司に報告したが，意外なことに全くネット広告の効果を認めてくれない。「夏で暑くなったから業績が上がっただけだよ」と一言言われただけだった。その日の夜はあまりに悔しくて眠れなくなってしまった。本当はどうしたらよかったのだろうか？

　上司が指摘したのは「ネット広告→売上」という因果関係はなく，それは第3の変数（暑くなった）が影響してアイスクリームが売れているだけで相関関係にすぎないというものだった。こうした場合に因果関係を明らかにする方法がある（「第3の変数」や「相関関係と因果関係」については第7章のコラムを参照のこと）。

　それは，「ネット広告を流した消費者たち」と，「ネット広告を流さなかっ

た消費者たち」の間でどう売上が変化したかを比較することだ。前者の広告ありを事実，後者の広告なしを反事実という。どちらの消費者たちも同数で，それぞれの消費者たちに対する3月の売上は500万円だった。これがネット広告を流した期間の後，7月時点でのネット広告を見た消費者と見なかった消費者のグループの差を見ればいいのだ。ネット広告を見た消費者たちからの売上は1300万円に増えている。ネット広告をしなかった消費者たちも暑くなったのでアイスクリームの消費は増えて売上500万円から700万円に増えている。

　大切なのはこの時点での差だ。ネット広告をする前が同じ売上額だったが，7月には大きな差がでた。両者の差は600万円だ。暑くなったという条件は両者に同じだ。違いはネット広告だけだ。だからこの600万円の差はネット広告による効果である，因果関係があると言うことができるのだ。

●ランダム化比較試験（RCT）

　さて，上のように比較する場合，大切なことはネット広告の「対象となる人」と「対象とならない人」が同じような人たちであることだ。なぜならば同じような人でないと比較できないからだ。たとえば，ネット広告の対象となる人は東京など夏に酷暑となる地域の人ばかりで，対象とならない人には北海道や軽井沢など避暑地のように比較的涼しい地域の人ばかりだったらどうなるだろう。この場合，2つのグループの差はやはり気温で，ネット広告のあるなしではなくなってしまう。

　ではどうしたらいいのだろうか。それは図13.3のようにランダム（無作為）に消費者を2つに分けることだ。図の左側には販売する商品（アイスクリーム）の消費者が書かれている。この人たちをランダムにネット広告の「対象」と「対象外」に振り分けるのだ。対象となる人たちを処置群（トリートメント・グループ），対象とならない人たちを対照群（コントロール・グループ）という。このように，研究対象を2つのグループに振り分けて分析する研究手法は，ランダム化比較試験（Randomized Controlled Trial：RCT）と呼ばれる。

　この時に大切なのはランダム（無作為）であることであって，意図をもっ

図13.3 ランダム（無作為）化比較試験のイメージ

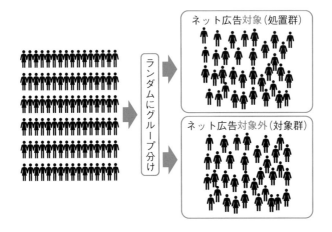

て作意的にやってしまうとこの2つのグループが比較できなくなってしまう（無作為抽出という）。ランダムにすることによって，たとえば暑い東京，神奈川などの首都圏や冷涼な北海道，軽井沢の人たちがこの2つのグループに振り分けられるからだ。

　地理的なこと以外にも男女，体格差，所得差など様々な違いが人にはあるが，それがこうして混ざることによって比較可能な2つのグループができる。これによって，図13.2のようにネット広告が売上につながったという因果関係を証明できるようになる。上司に「夏で暑くなったから業績が上がっただけだよ」と言われても反論する証拠（エビデンス）ができたことになる。自分の功績をアピールできるだけでなく，これによってより効率的に宣伝ができるのであれば会社の業績アップにとっても有効になるだろう。

●実証分析の方法
　RCT（ランダム化比較試験）は2019年にバナジーらがノーベル経済学賞を受賞して大きなブームとなった。ただ，予算が多くかかるなど問題点がないわけではない。この本でも登場してきたスティグリッツや，ディートンらがRCTを批判する論説を新聞に掲載するなど論争は続いている。ただ，こ

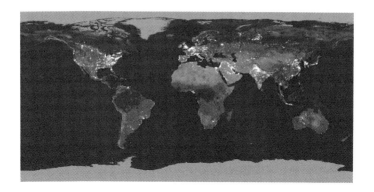

（出所）　NASA Earth Observatory「Night Lights 2012 Map」
https://www.earthobservatory.nasa.gov/images/79765/night-lights-2012-map（2024 年 3 月
15 日閲覧）

れは実証が必要ないということではなく，その手法をめぐる論争だ。こうし
た論争が研究手法をさらに発展させていくことになるだろう。

　他にも実証分析の手法は様々にあることも知っておいていただきたい。統
計学の手法である回帰分析や，最近では衛星画像を使った研究なども始まっ
ている。

　人工衛星から撮影した地球上の夜の光（夜間光）を使って経済状況を把握
するというものだ。明るい地域ほど経済活動が活発に行われていて，経済発
展している（図 13.4）。GDP など国家の統計データは国によっては正確でな
い場合もあり，こうした夜間光のデータによって貧困状態などを把握すると
いう方法が急速に発展してきている。

　研究によってはアフリカ・ケニアのスラムの家の屋根の素材を衛星画像で
調べるなどしたものもある。それによって，家主と地域の主が同じ民族であ
る場合，立場の低い居住者の払う家賃が高く，質が低い住宅になる（搾取が
ある）ことが分かった。しかし，居住者が地域の主と同じ民族である場合に
は，こうした搾取がないことも分かった。新型コロナ禍で現地調査ができな
い場合でも，こうした衛星画像の調査は進めることができる。今後，ますま
すの発展が期待される研究手法だ。

13.4 ま と め

　本章ではさらにミクロ経済学を深めていってもらえるよう，ゲーム理論，行動経済学そしてランダム化比較試験（RCT）などについて見てみた。本書は初級のミクロ経済学の教科書なので，巻末の文献紹介を参考にしながらさらに一歩進んで研究を続けていってもらいたい。

　本章のポイントをまとめておこう🖐。

- 囚人のジレンマの状況では，その結果は自分だけの戦略変更では事態がよくならないナッシュ均衡となってしまう。繰り返しゲームの状況になれば，このナッシュ均衡から抜け出すことができる。裏切られる可能性がなくなるからだ。
- 行動経済学の一連の研究によって，人は合理的に判断するのではなく，意思決定の仕方にクセがあって間違うこともある。より確実なものを選んでしまう確実性効果，持っているものを失うことを回避したい損失回避，本当は改善した方がいいのに現状を維持しようとする現状維持バイアス，直感的に判断してしまうヒューリスティクスなどである。そうした研究から，より望ましい選択に誘導するナッジ（そっと押す）に注目が集まっている。
- 因果関係を明らかにするには，ランダム化比較試験（RCT）により無作為に処置群と対照群に振り分け，2つを比較する方法が注目されている。

本章のキーワード

戦略的行動	ゲーム理論
囚人のジレンマ	ナッシュ均衡
ジョン・ナッシュ	共謀

繰り返しゲーム　　　　　　　　プロスペクト理論

アレのパラドックス　　　　　　確実性効果

損失回避　　　　　　　　　　　現状維持バイアス

ヒューリスティクス　　　　　　フレーミング効果

ナッジ　　　　　　　　　　　　実証主義

事実　　　　　　　　　　　　　半事実

ランダム化比較試験（RCT）　　エビデンス

衛星画像

◆　練習問題

問 13.1　以下の文章で誤っているものはどれか。

① ナッシュ均衡とは各人の戦略が，他者の戦略に対する最良の選択をとった結果である。

② ゲーム理論は，自分だけではなく他者の行動からも影響を受ける状況を分析したものである。

③ 繰り返しゲームの状況になると，非協力な状況が固定化される。

④ 共謀は常に終わる可能性があり不安定だ。

問 13.2　以下の文章の空欄に語句を入れなさい。

　　ダニエル・カーネマンとエイモス・トヴェルスキーが発表した　　①　　理論は，
　　②　　効果，　　③　　回避を含むもので，人は系統的に間違いを行うことを明らかにしたものだ。これらの状況は，本来は現状を変更する方がよくても　　④　　バイアスを産むことにつながる。

問 13.3　以下の文章で誤っているものはどれか。

① 広告の因果関係は，広告開始前と広告実施後を比較することで明らかにすることができる。

② 因果関係とは，ある出来事が別の出来事に直接影響を及ぼす関係である。

③ 相関関係とは，2 つの出来事が相互に関連していることである。

④ ランダム化比較試験とは，意図的ではなく無作為に対象を処置群と対照群のどちらかに振り分け分析することである。

文献紹介──さらにミクロ経済学の森を探求するために

■この本の次に読むと良い教科書など
・ジョセフ・スティグリッツ，カール・ウォルシュ（2013）『スティグリッツ入門経済学 第4版』，藪下史郎ほか（訳），東洋経済新報社
・ジョセフ・スティグリッツ（2013）『ミクロ経済学』，藪下史郎ほか（訳），東洋経済新報社
・ダロン・アセモグル，デヴィッド・レイブソン，ジョン・リスト（2020）『入門経済学』，岩本康志（監訳），東洋経済新報社
・グレゴリー・マンキュー（2019）『入門経済学 第3版』，足立英之ほか（訳），東洋経済新報社
・ポール・クルーグマン（2017）『ミクロ経済学 第2版』，大山道広ほか（訳），東洋経済新報社
・ジョセフ・スティグリッツ，島田剛「グローバル化する世界における経済学者の役割とは」（経済セミナー2020年2・3月号，https://researchmap.jp/goshimada/ misc/ に全文を掲載）
・諸富徹（2009）『経済学』，岩波書店
・諸富徹（2020）『資本主義の新しい形』，岩波書店

■頭の整理のためになる教科書など
・安藤至大（2021）『ミクロ経済学の第一歩 新版』，有斐閣ストゥディア
・飯田泰之（2017）『経済学講義』，ちくま新書
・井堀利宏（2018）『大学4年間の経済学が10時間でざっと学べる』，角川文庫

■日本経済について
・浅子和美，飯塚伸夫，篠原総一編（2020）『入門・日本経済 第6版』，有斐閣

■途上国経済について
・大塚啓二郎（2020）『なぜ貧しい国はなくならないのか 第2版』，日本経済新聞出版社
・黒崎卓，山形辰史（2017）『開発経済学──貧困削減へのアプローチ』，日本評論社
・戸堂康之（2021）『開発経済学入門 第2版』，新世社

■グローバル・バリューチェーンについて
・猪俣哲史（2019）『グローバル・バリューチェーン──新・南北問題へのまなざし』，日本経済新聞出版社
・島田剛（2021）「進展するグローバル・バリューチェーンと底辺への競争──企業

の戦略，途上国の戦略」，山田肖子，大野泉（編），『途上国の産業人材育成：SDGs時代の知識と技』，日本評論社

■ゲーム理論について
・梶井厚志，松井彰彦（2014）『ミクロ経済学 戦略的アプローチ』，日本評論社
・松井彰彦（2010）『高校生からのゲーム理論』，ちくまプリマー新書
・鎌田雄一郎（2020）『16歳からのはじめてのゲーム理論――"世の中の意思決定"を解き明かす6.5個の物語』，ダイヤモンド社
・鎌田雄一郎（2019）『ゲーム理論入門の入門』，岩波新書

■行動経済学について
・大竹文雄（2019）『行動経済学の使い方』，岩波新書
・山根承子，黒川博文，佐々木周作，髙阪勇毅（2019）『今日から使える行動経済学 一人とお金を上手に動かす』，ナツメ社
・友野典男（2006）『行動経済学――経済は「感情」で動いている』，光文社新書

■データ・統計について
・小島寛之（2015）『完全独習 統計学入門』，ダイヤモンド社
・西内啓（2013）『統計学が最強の学問である』，ダイヤモンド社
・アルベルト・カイロ（2020）『グラフのウソを見破る技術』，薮井真澄（訳），ダイヤモンド社

■因果関係・相関関係について
・中室牧子，津川友介（2017）『原因と結果の経済学』，ダイヤモンド社
・伊藤公一郎（2017）『データ分析の力――因果関係に迫る思考法』，光文書新書

■経済学以外からの「市場」についての研究
・網野善彦（2016）『増補 無縁，公開，楽』，平凡社ライブラリー
・阿部謹也（2017）『中世の窓から』，ちくま学芸文庫
・マルセル・モース（2015）『贈与論』，吉田禎吾，江川純一（訳），ちくま学芸文庫

■その他
・アダム・スミス（2020）『国富論（上・下）』，高哲男（訳），講談社学術文庫
・トマ・ピケティ（2014）『21世紀の資本』，山形浩生，守岡桜，森本正史（訳），みすず書房
・ブランコ・ミラノヴィッチ（2017）『大不平等――エレファントカーブが予測する未来』，立木勝（訳），みすず書房
・日下田岳史（2021）「進路が実質的に意味する生徒の未来」，中村高康，松岡亮二（編），『現場で使える教育社会学』，ミネルヴァ書房
・岩井克人（2009）『会社はこれからどうなるのか』，平凡社ライブラリー

練習問題解答

■第1章

問 1.1　経済学が取り組む問題は次の3つだ。①どのようなモノをどれだけ生産するのか，②誰がどのように生産するのか，③どのように分配されるのか

問 1.2　以下の■の項目がミクロ経済学の取り扱う課題。それ以外はマクロ経済学で取り扱う。

■　製薬会社が新型コロナの新しいワクチンを発売する
　　（製薬会社は国全体ではなく，民間企業の一つであるため）
■　トイレットペーパー，食品の買い占めをする人がいる
　　（国の行動ではなく，人の行動だから）
□　アメリカ・ヨーロッパでの消費全体の落ち込み
　　（国全体での消費を集計したもので，個人の消費ではないから）
□　中国での生産減による輸入の減少
　　（国レベルで様々な企業の生産を集計した内容であるため）
■　小麦の値段が上昇する
　　（小麦は様々な商品の中の一つであるため）
□　消費者物価が上昇する
　　（いろいろな財の値段が全体として上がるから。消費者物価は様々な商品の値段の動きを国レベルで集計したもの）
■　労働組合が賃上げの交渉をする
　　（労働組合は，国ではなく企業の中，あるいは産業内での交渉であるため）
□　GDP（国内総生産）の減少
　　（GDP は様々な経済活動を集計したものであるため）

■第2章

問 2.1
□　成田空港で円をドルに交換した：金融・資本市場
□　就職を目指して就活する：労働市場
□　新幹線の切符を買う：生産物市場（財市場）
□　カフェでコーヒーを飲む：生産物市場（財市場）
□　豊洲市場でマグロを買う：生産物市場（財市場）
□　銀行預金をする：金融・資本市場
□　家を買うためにローンを組む：ローンを組むのは金融・資本市場。家を買ったらそれは生産物市場（財市場）。

問 2.2　朝起きて自宅にいる時は「家計」。会社で勤務している際は「企業」。お昼にランチに行く際は「家計」。家に帰宅してからは「家計」。リモートワークをしている場合には家にいる時でも「企業」である場合がある。

問 2.3 ①希少性，②選択，③トレードオフ，④インセンティブ
問 2.4 ①合理，②完全情報，③利潤，④コスト（費用），⑤価格受容者（プライス・テーカー）
問 2.5 ②
トレードオフの中で選択肢を選ばなければならない。①と③は市場とは別の問題である。④は個人や企業がやる気になるものなので本問いにおいては不適切。
問 2.6 ②
時間や資源が希少であるため，我々は選択をしなければならない。

■第 3 章
問 3.1 ③
①と②は独占あるいは寡占状態にあって競争市場ではない。④も市場は需要と供給で価格が決まる場所であり，間違っている。
問 3.2 ①
消費者の需要曲線どおりである。②は企業側の行動であり，③は価格が上がったら消費が下がる関係そのものではない。
問 3.3 需要曲線が右にシフトするのは「人気の上昇」と「値段が上がるという期待」のみである。他は左にシフトする。3.3 節で確認しておこう。
問 3.4 供給曲線が左にシフトするのは「原材料費高騰」「干ばつ」「紛争」である。
問 3.5 ⑤
パンの需要が増加してもバターの供給は変わらない。パンと一緒にバターが買われる（需要が増加する）ので，価格は高くなる。
問 3.6 ③
①④⑤はいずれも需要曲線をシフトさせる。②はレタスの価格が変化した場合に，キャベツの需要を変える可能性がある。キャベツの価格の変化は需要曲線上の動きのみであり，曲線は影響を受けない。

■第 4 章
問 4.1 変化率の計算は「（ある時点の値－前時点の値）÷（前時点の値）」これで価格と販売量の変化率を以下のとおり計算すればよい。
① $-((580-600)/600) \, / \, ((78-38)/38)$
$≒ 0.033/1.053 = 0.03$，非弾力的である。
② $-((100-200)/200) \, / \, ((1850-1650)/1650)$
$≒ 0.5/0.12 = 4.17$，弾力的である。
③ $-((2500-2000)/2000) \, / \, ((8000-8500)/8500)$
$≒ 0.25/0.06 = 4.17$，弾力的である。
問 4.2 ① $((800-400)/400) \, / \, ((1000-800)/800)$
$= 1/0.25 = 4$，弾力的である。
② $((1020-1000)/1000) \, / \, ((120-100)/100)$
$= 0.02/0.2 = 0.1$，非弾力的である。
問 4.3 (1) 需要の弾力的な財はぜいたく品や嗜好品。あるいは，代替品や競争財の多いモノ。非弾力的な財は生活必需品。あるいは，替えがきかないモノ。

⑵　供給の弾力的な財は工業製品のように生産量をすぐに調整できるもの。あるいは長期では供給量の調整が可能なもの。逆に非弾力的なものは農産物などで長く貯蔵できないもの。短期ではすぐに生産量の調整ができないものは全て非弾力的となる。

■第5章
問 5.1　無差別曲線が予算制約線と1つの点で接する時。図 5.4 を見て確認しておこう。
問 5.2　①限界効用逓減の法則，②限界支払い意思曲線，③消費者余剰
問 5.3　3個
　　　　限界効用が限界費用と一致するところが最も良い消費量であった。逆に限界費用の方が限界効用より大きければ買わない方がいい。今，限界費用は 100 円だ。オレンジは 100 円だからだ。3個目までは限界効用の方が 150 円＞ 100 円で高いので購入する方がいい。しかし，4つ目になると限界効用が 50 円になるので買わない方がいい。

■第6章
問 6.1　③
　　　　機会費用とは，ある行動を選択することで失われる（あきらめないといけない），他の選択をしていたら得られていた便益である。
問 6.2　1200 円× 3 時間× 5 日＝ 18000 円
問 6.3　②
　　　　ペン 600 本を生産するときに可能な小麦の生産量は 750g である。ペン 900 本を生産する時には小麦の生産量は 400g まで下がる。したがって，小麦の生産量は 350g 減少してしまった。これが機会費用である。
問 6.4　②
　　　　ペンの生産量は 300 本きざみで表にしてある。この時，機会費用を計算すればいい。ペン 300 本の機会費用は小麦 250g，ペンを 300 本から 600 本まで増やすと小麦 300g の生産が失われる。さらに 900g まで増やした時には小麦 350g である。つまり，ペン生産の機会費用は生産量が増えるにつれて大きくなる。

■第7章
問 7.1　①固定費用，②可変費用，③収入，④限界費用
問 7.2　① 10 円，② 20 円，③ 40 円，④ 80 円
問 7.3　③
　　　　生産者余剰とは利潤と固定費用を足したものなので③が間違い。もし間違ったら「生産者余剰と利潤の違い」の項目を復習するといい。①は限界費用曲線が供給曲線のことであり，生産者余剰はその上の部分になる（図 7.5 を参照のこと）。

■第8章
問 8.1　④
　　　　供給が需要を超えるのは超過供給であり，余剰とは関係がない。
問 8.2　②

弾力的な財に課税した場合，消費者は買い控えるかすぐに別の財の購入に流れる。そのため，企業は消費者にはその税負担を転嫁しにくく，企業が主に税負担をすることとなる。①④については，弾力性にかかわらず死荷重は発生し，消費者余剰，生産者余剰とも課税前よりも小さくなる。

問 8.3　③
完全競争市場はパレート最適であり（選択肢②），そこでは他の誰かの状態を悪化させることなしには，どの 1 人の状態をも改善することが不可能な状態（選択肢①）である。したがって，それ以上，効率的にはならず③が誤り。④の条件については 8.4 節で再確認しておいてほしい。

■第 9 章

問 9.1　①
上限規制は消費者にとって，短期的にはモノが安く手に入るので世論は起こりやすい。本文中で解説したが，超過需要になり，長期的に供給量は減ることになってしまう。企業にとっては望ましいことではないので，導入を政府に働きかけるインセンティブはなく②は誤り。

問 9.2　②
さとうきびの下限規制が撤廃されると価格の下支えがなくなるで，価格は安くなる。そのため，さとうきびに対する需要は増え，取引量が増加する。

問 9.3　① 0，② 1（不明確な場合には 9.3 節を参照）

■第 10 章

問 10.1　①プライスメーカー（あるいは価格設定者，プライスリーダーなどでもよい）
②少なくし（同じ意味の他の言葉でもよい）
③高い価格（同じ意味の他の言葉でもよい）
④消費者
⑤生産者

問 10.2　③
独占の場合，生産者余剰は大きくなり，消費者余剰は小さくなるので誤り。

問 10.3　④
①は正しい外部不経済の定義だ。②の場合には供給が過小になるので補助金で奨励することは望ましい。③は排気ガスのコストは自動車を運転している人ではなく，道路の周辺の居住者など第三者が費用を負担する。したがって外部不経済である。④は非効率によるコストではあるが，そのコストは第三者ではなく，自動車メーカー自身が負担するので外部不経済ではない。

■第 11 章

問 11.1　③
保険制度にはハイリスクな人ばかりが入ってくると成立しなくなる。そのため，日本の国民皆保険制度のように国民全体を強制的に加入させることは対策の一つになっている。社会全体で病気に対するリスクをヘッジできるからだ。

問 11.2　③

私的財は排除性があるだけでなく，競合もある。つまり誰かが使えば他の人は使えなくなるからだ。したがって競合はないとする③が誤り。

問 11.3　①非対称性，②公共財，③価値，④インセンティブ

■第 12 章

問 12.1　①

機会費用を計算すると A さんはレポート作成に，B さんはケーキ製作に比較優位を持つ。

問 12.2　③

問 12.3　②

問 12.4　①

問 12.5　②

生産性が劣っていても（絶対優位がなくても），比較優位によって利益を得ることができる。

■第 13 章

問 13.1　③

繰り返しゲームになると，共謀が続けられるので協力状況は続く。非協力ではないので誤り。

問 13.2　①プロスペクト，②確実性，③損失，④現状維持

問 13.3　①

広告の因果関係は Before-After だけでは比較できない。広告する処置群と広告しない対照群を比較して初めて因果関係が分かる。図 13.3 を参照。

索　引

著者紹介

島田　剛（しまだ　ごう）

現在，明治大学情報コミュニケーション学部 教授・学科長。

博士（学術，早稲田大学）。

国際開発学会常任理事（学会誌編集委員長）。Partnership for Economic Policy 理事。

JICA（国際協力機構）（主任研究員，理事長秘書役，企画課長，産業貿易課長など），国際連合日本政府代表部一等書記官，静岡県立大学国際関係学部准教授，コロンビア大学客員研究員，早稲田大学招聘研究員，世界銀行コンサルタント，アジア開発銀行コンサルタントなどを経て 2018 年より明治大学，2023 年 教授，2024 年 学科長。

主要著書・論文

Shimada, Go. 2022. "The Impact of Climate-Change-Related Disasters on Africa's Economic Growth, Agriculture, and Conflicts: Can Humanitarian Aid and Food Assistance Offset the Damage?" *International Journal of Environmental Research and Public Health* 19 (1): 467.

Shimada, Go, and Tetsushi Sonobe. 2021. "Impacts of management training on workers: Evidence from Central America and the Caribbean region." *Review of Development Economics* 25 (4): 1492-1514.

Hosono, Akio, John Page, and Go Shimada, eds. 2020. *Workers, Managers, Productivity - Kaizen in Developing Countries.* Singapore: Palgrave Macmillan.

Shimada, Go. 2019. "Does Environmental Policy Make African Industry Less Competitive? – The Possibilities in Green Industrial Policy." In *The Quality of Growth in Africa*, edited by Ravi Kanbur, Akbar Noman and Joseph E. Stiglitz, 350-372. New York: Columbia University Press.

Shimada, Go. 2017. "Inside the Black Box of Japan's Institution for Industrial Policy – An Institutional Analysis of the Development Bank, Private Sector, and Labor." In *Efficiency, Finance, and Varieties of Industrial Policy – Guiding Resources, Learning, and Technology for Sustained Growth*, edited by Akbar Noman and Joseph E. Stiglitz, 156-190. New York: Columbia University Press.

Shimada, Go. 2017. "A Quantitative Study of Social Capital in the Tertiary Sector of Kobe – Has Social Capital Promoted Economic Reconstruction since the Great Hanshin Awaji Earthquake?" *International Journal of Disaster Risk Reduction* 22: 494-502.

Shimada, Go. 2015. "The Economic Implications of a Comprehensive Approach to Learning on Industrial Policy – the Case of Ethiopia." In *Industrial Policy and Economic Transformation in Africa*, edited by Akbar Noman and Joseph E. Stiglitz, 102-122. New York: Columbia University Press.

Shimada, Go. 2015. "The Role of Social Capital after Disasters: An Empirical Study of Japan based on Time-Series-Cross-Section (TSCS) Data from 1981 to 2012." *International Journal of Disaster Risk Reduction* 14: 388-394.

Shimada, Go. 2015. "Towards Community Resilience – the Role of Social Capital After Disasters." In *The Last Mile in Ending Extreme Poverty*, edited by Laurence Chandy, Hiroshi Kato, Homi Kharas, 369-397. Washington, DC: The Brookings Institution.

●ライブラリ 経済学への招待—2

ミクロ経済学への招待

2023年2月25日 ⓒ	初 版 発 行
2024年4月10日	初版第2刷発行

著 者　島 田　　剛	発行者　森 平 敏 孝	
	印刷者　篠倉奈緒美	
	製本者　小 西 惠 介	

【発行】　　　　　株式会社　新世社
〒151-0051　東京都渋谷区千駄ヶ谷1丁目3番25号
編集 ☎(03) 5474-8818(代)　　サイエンスビル

【発売】　　　　　株式会社　サイエンス社
〒151-0051　東京都渋谷区千駄ヶ谷1丁目3番25号
営業 ☎(03) 5474-8500(代)　　振替 00170-7-2387
FAX ☎(03) 5474-8900

印刷　(株)ディグ　　　製本　(株)ブックアート
《検印省略》

ISBN 978-4-88384-365-7

PRINTED IN JAPAN

サイエンス社・新世社のホームページのご案内
https://www.saiensu.co.jp
ご意見・ご要望は
shin@saiensu.co.jp　まで.